创新创业决策的
思维可视化建模流程

闵惜琳 杨韬 周萍 杨志增 ◎ 编著

中国财经出版传媒集团

经济科学出版社
Economic Science Press

·北 京·

图书在版编目（CIP）数据

创新创业决策的思维可视化建模流程/闵惜琳等编著．－－北京：经济科学出版社，2024.5

ISBN 978－7－5218－5818－1

Ⅰ.①创⋯　Ⅱ.①闵⋯　Ⅲ.①创业－决策－研究　Ⅳ.①F241.4

中国国家版本馆 CIP 数据核字（2024）第 077486 号

责任编辑：程辛宁
责任校对：郑淑艳
责任印制：张佳裕

创新创业决策的思维可视化建模流程
CHUANGXIN CHUANGYE JUECE DE SIWEI KESHIHUA JIANMO LIUCHENG
闵惜琳　杨　韬　周　萍　杨志增　编著
经济科学出版社出版、发行　新华书店经销
社址：北京市海淀区阜成路甲 28 号　邮编：100142
总编部电话：010－88191217　发行部电话：010－88191522
网址：www. esp. com. cn
电子邮箱：esp@ esp. com. cn
天猫网店：经济科学出版社旗舰店
网址：http://jjkxcbs. tmall. com
固安华明印业有限公司印装
710×1000　16 开　8.75 印张　140000 字
2024 年 5 月第 1 版　2024 年 5 月第 1 次印刷
ISBN 978－7－5218－5818－1　定价：52.00 元
（图书出现印装问题，本社负责调换。电话：010－88191545）
（版权所有　侵权必究　打击盗版　举报热线：010－88191661
QQ：2242791300　营销中心电话：010－88191537
电子邮箱：dbts@ esp. com. cn）

前　言

创新本质都是从细节开始，并最终带来产品创新、服务创新、体验创新，以及从产品硬件到内容、商业模式和系统创新的递进。设计引领创新的基础，通过设计从微观细节传递消费升级背景诉求的品位、风格和精神。新产品开发团队越来越多地把设计思维作为指导实践的理念、哲学和工具，这样做是为了创造具有更大市场潜力的创新产品。

经济学家和科学家赫伯特·西蒙于1969年分析了新产品开发团队的设计思维原则，当时主要关注设计的认知性、程序性基础和局限性。设计思维相关的研究将西蒙的原则综合并发展为"属性""准则""主题""观察实践"和"方法"等。虽然这些研究运用了不同术语，但都将设计思维作为可以全面且独立解决问题的"流程"，并应用于不同问题。然而，在企业实践中，流程通常被分解成嵌入组织运行常规中的一些关键原则，以至于团队成员甚至不知道他们正在践行设计思维。这是一种"有术无道"的反映，以至于一些流程无法被复刻。

当我们面对组织运行的复杂问题时，如何从系统的角度来开展设计思维呢？这正是本书从"道"的层面要解决的问题：将创业导向的新产品开发过程抽象为业务模型、概念模型、设计模型、构建实施四个层次，同时结合设计思维"同理心思考"（empathize）、"问题定义"（define）、"创意构思"（ideate）、原型制作（prototype）和实际测试（test）五个阶段，完成新产品开发的设计思维可视化过程模型设计。

设计思考过程中的模糊与直觉部分是设计思维的独特精髓，这些模糊和直觉从个体产生，在团队思维发散的过程中碰撞出火花，我们要使用好这一精髓的基础与前提，是能清晰而充分地记录并理解它，在新产品开发这个领域开展设计思维应用时，灵感和天马行空的想象该如何被捕捉和记录？这需要从"术"的层面应用思维发散等创新工具。

思维发散完成后，独立设计师与群智设计师的观点如何协同？这意味着从庞杂的、发散的思想中提炼那最适合、最优化的创意，这时思维收敛等"术"层面的创新工具继续发挥作用。

本书正是以创业导向的新产品开发决策思维可视化过程的"道"和"术"给出创业实践的方法和流程。本书分为四个部分：第一部分蓄势待发。其中第一章给出了为什么创业决策过程可以可视化的理论基础：设计思维、新产品开发阶段理论，并在二者结合的基础上提出思维可视化过程模型。第二章是创业决策思维可视化的建模基础，重点给出了新产品开发视角下思维可视化过程模型抽象层次分析，包括业务模型、概念模型、设计模型。第二部分根盘蒂结。介绍了思维可视化建模的核心元素及结合局部案例数据分析的核心视图，这是为后续完整案例分析打下基础。第三部分躬行实践。通过一个完整的创业导向下新产品开发决策流程案例的推演实践了对这个思维可视化过程模型的解读。第四部分鞭辟近里。从需求驱动角度回归到反思面向创新思维的理论及方法。

撰写分工情况为：闵惜琳完成本书的总体结构设计；第一章、第二章由闵惜琳完成；第三章、第四章由杨韬完成；第五章至第七章由闵惜琳、"食趣味"大学生创新创业团队（范浩杰、齐晶莹、李智钰、武卓熙、文载浩、廖翔鹭、李丽娴）合作完成；第八章至第十章由周萍、杨志增合作完成。

本书为广东省本科高校教学质量与教学改革工程项目"基于产教融合以深度学习为标准的创新创业'金课'建设"成果。同时也是广东省普通高校创新团队项目（人文社科）"数字化时代运营管理研究创新团队"（2021WCXTD013）成果。

目　录

第三部分　躬 行 实 践

第四部分　鞭 辟 近 里

第一部分

蓄 势 待 发

第一章
为什么创业决策过程可以可视化

第一节　创业决策过程可视化的理论基础
——设计思维

自赫伯特·西蒙（Herbert Simon）于 1969 年在其著作《人工科学》中提出设计思维的模型以来，经彼得·罗（Peter Rowe）和大卫·凯利（David Kelly）等人的发展，形成了目前通行的"设计思维"模型。它包括"同理心思考"（empathize）、"问题定义"（define）、"创意构思"（ideate）、原型制作（prototype）和实际测试（test）五个阶段。前四个阶段呈现出多次思维上的"发散—收敛"过程，实际操作时，团队成员利用每个阶段所适用的分析工具包和思维模式阶段，立足于人的真实需求，协调团队的创新目标，完成相应的创新任务。总体而言，设计思维最大的贡献在于提供给创新者针对劣构问题的策略性解决方式，因此受到工程、设计、商业、教育等多学科领域的青睐（谌涛、肖亦奇，2023）。

"设计思维"的五个阶段描述了一种设计师在解决现实需求时所需的全面的、独特的、以人为本的特殊思维方式。设计思维主导的意义建构模式是将抽象的想法和创意变为具象。通过写、画、制作实物、角色扮演等多种呈现方法可以快速地通过现象发现问题，根据问题洞察用户需求，从而探究解决问题的想法。将无形的概念、模型和想法变成可视化的物体，可帮助对信息的理解、分享和激发讨论，揭示言语表达无法体现的关系，因此能更加有效地实现需求到产品的转换。五个阶段的内容如下：

1. 同理心思考

当我们想要在复杂的现实世界中深入了解用户的需求，发挥企业家精神并与用户需求产生协同时，需要拥有能够针对用户主体进行更为客观的描述、认知与解读的手段和路径，表达实践中的内在思维特征与认知规律，这有助于组建创新团队、制定协同创新策略（胡莹等，2022）。

2. 问题定义

企业家通过对分散的信息进行主观发现和解读而发现市场机会。该过程的信息处理是企业家最重要的工作，主要在企业家个人的脑海中完成，这需要整合系统方法来提高该发现过程的高效性。设计思维方法通过体现在流程中的溯因推理、同理心调查、多元化视角、试错和反思等方法为企业家更有效地获得信息、解读信息提供系统的解决方案。

3. 创意构思

创意的火花不再是普通人可望而不可即的事情，它也可以在溯因推理的可视化过程中产生。推理过程中，例如，归纳推理（从具体到一般）和演绎推理（从一般到具体），可能会导致模式识别偏差。与此不同，溯因推理是一种"思维的逻辑跳跃"或"对最佳解释的推理"，不再执着于信息的数量或可靠性，特别适用于在动态市场中制定决策，是应对数智时代信息爆炸、加剧企业有限理性的有力工具。

4. 原型实现

原型不断迭代，小步试错，就是为了让企业家拥抱失败，鼓励企业接受早期失败和不确定性，以便不断地迭代出更好的解决方案。贯彻拥抱失败的理念不只是为了接受一个新产品或新想法，而是通过快速的实验和原型设计，使创新者能够及时接收有关创意的早期反馈，以相对低的成本从失败中学习，根据利益相关者的需求做好投放市场的准备。

5. 实际测试

更快的创新性新产品开发优势令企业在激烈的市场竞争中获取一席之地，新产品开发速度帮助企业把握市场机会、领先竞争对手获取先发优势（Wu，Liu and Su，2020），一个"快"字道尽了最小可行化产品测试、迭代的奥妙。

从设计思维的五个阶段的名称中的动词，例如，"思考""定义""构思""实现""测试"，可以看出它给出了实现需求到产品转换的五个具体操作的步骤，这五个阶段并不是像生命周期每个阶段流逝后不会再重来，而是走到后面的步骤都有可能回头审视前面的阶段。为了更好地理解在思维从抽象到具体的过程中如何更好地涵盖迭代这些步骤，我们结合创业导向的新产品开发的四个抽象层次来继续深入剖析思维可视化实现的建模基础。

第二节　创业导向的新产品开发阶段

"创业导向"被看作为战略制定的过程，代表着企业勇于创新的行为倾向，愿意支持新想法、新事物、新实验，促成新产品、新工艺以及新技术（Lumpkin and Dess，1996）。

有学者基于项目开发和评审的简单线性过程，将新产品开发分为不同的阶段，这些阶段本质上开始于概念开发，终止于产品商业化（刘志迎、吴敏莲，2019）。

关于概念开发的研究，以往文献集中于对市场趋势和顾客需求的挖掘。根据新产品概念的相对新颖程度，企业在新产品开发过程中将采纳市场拉动或技术推动战略，前者更适用于渐进性改进或产品线扩大，客户熟悉产品类型，较易表达偏好，后者更适用于挖掘客户未曾意识或难以表述的需求。在早期概念形成阶段，把握客户价值主张有助于设定明确的项目目标，降低不确定性和多义性，明确的产品界定也能促进随后的开发（Frishammar，2008）。接下来企业需要充分利用有关可行技术和市场机会的信号，整合内外部资源，进行研发制造，团队人员需要结合多种工具，通过"设计→测试→构建"的循环过程解决问题（Tidd and Bessant，2007）。

综上所述，新产品开发的决策过程，是一步步从抽象到具体的过程。先从现实世界业务出发，通过一层层的抽象，最终形成产品，然后再应用于现实世界。可以将其概括为四个抽象层次，分别是：业务模型、概念模型、设计模型和构建实施。业务模型通过描述客户体验的细分业务环节，共情客户的"痛点"；概念模型挖掘客户未曾意识到的"问题"并洞察客户难以表述的需求，并设计创意，即项目目标；设计模型完成"设计→测试"；最终通过原型迭代完成新产品开发的构建实施。

第三节　思维可视化过程模型

将新产品开发的阶段过程的四个抽象层次：业务模型、概念模型、设计模型和构建实施作为纵轴；在工作流推进过程中，引入设计思维的五步作为横轴。构建面向新产品开发的创业过程的思维可视化过程模型，如图 1.1 所示。

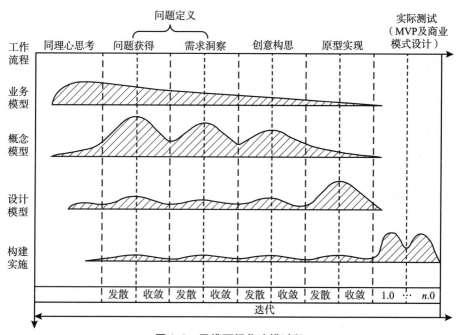

图 1.1　思维可视化建模过程

图 1.1 中纵轴：首先，业务模型着眼于"同理心思考"，共情到用户的痛点；其次，概念模型给出"问题定义"，包括将痛点定义为"问题"，经过思维发散和收敛，充分"获得问题"并凝练问题，再经情感链接洞察到客户真实的"需求"，完成"需求洞察"，最终给出为解决痛点问题服务的项目创意；再其次，设计模型以创意为指导，完成项目原型的设计呈现；最后，构建实施的重心着眼于 MVP 测试及商业模式设计。

图 1.1 中上横轴的每个阶段结合下横轴思维的发散和收敛规律，给出相应工作流的演进形式，每个工作流在不同阶段有不同的工作量比重，用阴影的高低呈现。新产品的研发设计要经过多次的演进，每一个演进会有一个迭代计划来描述这次演进要达成的目标，要经历的阶段以及要进行的工作。

将图 1.1 的工作流各阶段，用相应的思维发散和收敛的工具（相应的工具将在第四章"思维可视化核心视图"中阐述）表达记录出来，即可完成创业决策思维的可视化。

第二章

创新创业决策思维可视化的建模基础

第一节　从需求驱动谈起

一、识别创业机会

用户需求是创业活动决策的重要概念，随着用户在企业发展中的表达权、话语权、参与权、选择权崛起，需求进入了个性化、场景化、实时化、内容化、互动化的新时代（安筱鹏，2020）。无数创业企业依托不断增加的用户流量实现了飞速增长，创造了大量的经济效益和社会价值，企业发展可谓"得用户者得天下"。这导致了大批的创业者开始深度思考用户的真正需求，以捕获用户的注意力和心智资源，而创业机会正蕴含在用户需求中。创业机会明确了创业活动中应该包括谁（who）以及什么因素（what）如何（how）影响机会发现、评估和利用（Shane，2000；斯晓夫、王颂、傅颖，2016）。

建构主义理论视角下的机会观认为机会是创业活动的社会建构过程，是行动的结果，而非创业者刻意设计的结果，是在不断实践改进中建构而成的，因而结果多在意料之外。效果逻辑理论中的机会观认为在高度不确定的创业情境下，创业者从"我是谁""我知道什么""我认识谁"三种手段出发，以可承受损失和可接受风险为限，通过与情境互动、感知情境中发生的偶然性事件，不断进行尝试和试错，通过与利益相关者结成战略联盟创造和实施新的创业机会。因为缺乏预设目标，创造的结果可能呈现多样性，创业者需要依据情境变化作一些权变，进一步对创造结果进行收敛。并且机会创造过程中创业者将以集体的形式影响创业学习过程和模式，该创造过程可以视为一个自发性秩序的社会建构过程（Read et al.，2009）。

在创业机会识别的社会建构过程中，用户换位型思维应运而生（Prandelli et al.，2016）。用户换位型思维，是指从用户角度思考问题，把握用户心理状态并预测用户行为的一种思维方式。它是从认知层面思考用户以预测用户行为，而用户共情则是从情感方面与用户互动（Khalid and Sekiguchi，2018）。

二、创业机会识别的思维逻辑基础——发散与收敛

创业决策者为了"发现问题"并提炼特定主题，需要在头脑中运用某些分析方法概念化对象。传统的分析方法主要是归纳法和演绎法，归纳法通过观察求证，演绎法通过理论求证。归纳法的缺点是只能从已有的东西总结，缺乏对目前没有的东西的想象力；演绎法从理论或假设开始，导致人们观察问题的视角受到限制。而在创业导向的新产品开发中却常用溯因推理，它是从想象开始，通过想象"有什么能成为可能"而形成创意。这里充分的想象需要团队集体思维的发散，而最终创意形成则是通过科学的思维收敛而完成。通过溯因推理挑战现有的解释并推断可能的新世界，是一项在设计思维中起关键作用的技能，是智慧设计的前提。

发散思维，即根据已有知识或已知事实，以某一问题为中心，从不同角

度、不同方向、不同层次思考，寻找问题多种答案的一种展开性思维方式，是一种以已有思维成果为基础，同时又不满足这种成果，向新的方面、领域探索和开拓的开放性思维活动（刘建明，1993）。在设计发散思维活动时，可以流畅性为前提，充分产生点子的数量；同时团队成员轮流表达，体现思路的迅速转换的变通性，这样由于团队成员思想的差异，可以充分产生各具独特性的点子。

收敛思维也叫作"聚合思维""求同思维""辐集思维"或"集中思维"，特点是使思维始终集中于同一方向，使思维条理化、简明化、逻辑化、规律化。

任何一个创新过程，都必然经过由扩散到集中，再由集中到扩散，多次循环往复的思维过程，直到问题的解决。发散思维是"由此及彼""由表及里"的过程；而收敛思维是"去粗取精""去伪存真"的过程。发散思维是"海阔天空"，而收敛思维是"九九归一"。

第二节　思维可视化过程模型抽象层次
——新产品开发视角

一、模型化现实世界——业务模型

市场是一个持续的、不断变化的过程，没有静态的终点，也没有唯一途径，市场永远处于不平衡状态、永远处于过程之中。推动市场变化的因素既包括人口的变化、技术的变化、法律法规的变化、消费者偏好的变化等多种因素，也包括获得这些变化的新信息的企业家的行动。

尽管市场始终存在利润机会，但一般人可能注意不到它们，许多潜在的利润机会被忽略了。市场机会的新信息不是一个客观给定的东西，而是来自观察者的主观理解。

创业项目需要用"问题"捕获人的痛点。真正的问题在哪里？够不够精准？这需要我们通过模型对业务流程进行精细拆分。市场机会的新信息不是一个客观给定的东西，新信息常常带有很大的不确定性、模糊性和特殊性。这类信息是特定时间和地点的知识。对人、当地条件及其特殊环境的了解会影响对信息的理解。由于不同的人对当地条件及其特殊环境的了解是不同的，因此不同的人对信息的理解也不同。

业务模型主要是了解业务在现实世界的运转问题和规律。业务的运转流程是怎样的？涉及多少个环节？主要的问题是什么？问题发生的背景是什么？等等。

对应到创业项目团队的工作，这就是我们常说的调研。调研的目的，主要在于发掘现实场景的痛点，这些将是我们做产品需求的底层依据。

现实世界的业务是个例化的，是一个个场景的具体应用。在了解现实业务的运转情况之后，我们需要进一步抽象，将个例化的场景抽象成通用型的业务模型。

二、从业务模型到概念模型

概念模型可以指在概念化或概括过程之后形成的模型。概念模型通常是现实世界中事物的抽象，即思考者赋予其经验的各种元素的意义。

创业过程需要探索究竟存在什么问题，探索到的"问题"是如何影响到用户的，用户的需要是用户的真实需求吗？我们对潜在需求的探求反映了创业者对用户的想法的洞察，是创业者的视角，创业者所描述的用户需求映射了从现实世界的业务模型窥探出的设计观点和创新机会点，以上从问题获得、需求洞察、创意构思结合思维发散和收敛所获得的一系列解决方案被称为概念模型。

概念模型分析分为对"问题"进行分析过程中知识的采集、知识的抽取、知识的表示、知识的融合和知识的可视化五个阶段（马海云，2022）。

（1）知识的采集。知识的采集主要包括质性访谈和调查问卷，来自现实世界，设计思维之所以强调广泛的意见是因为难解的问题的解决，常常不是靠对问题的更深入的了解，而是需要更广泛的视角。设计思维的过程被描述为具有不同的开端，即用不同的方法创建多个替代方案，而不假定现有的或最初想到的方案是最佳方案。

（2）知识的抽取。知识的抽取是反复修改和反思而不断深化对问题的认识，从而可以在模糊的背景中产生新的想法，对应于从用户来源的问题所洞察出的"需求"。

（3）知识的表示。知识的表示对应于将前期所获取的问题和需求进行符号化、形式化和模型化。设计思维强调行动，让行动引领思考，通过尽早把想法变成具体的原型或形象并获得反馈，发现新的解决方案。

（4）知识的融合。知识的融合是指对知识的真实性进行评估计算，减少不同数据源中抽取出的用户问题呈现、需求洞察之间的冲突和不一致现象，提高知识组织的可靠性和有效性。在此基础上，对问题需求进行分类、聚类、融合。在经历多次迭代后，形成能够解决具体问题的知识库，这里对应需求库等，为提取用户需求创造前提条件。

（5）知识的可视化。设计思维中的知识创造是基于实践活动实现的，因此可视化是对思维推演过程的展现，其过程主要是在用户需求分析基础上，通过思维的发散和收敛，以模型视图等方式反馈给创业团队。先开放地探索问题，广泛地获得意见，产生更多可能的解决方案，然后通过选择和综合得到首选的解决方案。通过解决方案的探索和形成来拓宽问题空间，再通过解决方案的比较和选择缩小问题空间。

三、从概念模型到设计模型

设计模型是依照设计物的形状和结构，按比例实现的样品，是对设计物造型、内在结构、功能、使用等方面的实态检验。

创新创业解决方案需要用某种具体的形式实例化概念模型。我们用原型的方式来表现设计模型。大到产品整体规划设计，小到一个功能点的设计，都要清晰地知道产品或功能的入口在哪里，进来做什么，怎么出去。所以产品原型设计的本质其实是要弄清楚，我是谁，从哪里来，到哪里去，完成一个闭环的操作。

原型设计是将抽象的产品结构、产品流程和逻辑等内容转化为具体形象、交互页面、输出说明的过程，辅助产品经理与团队交互 UI、运营和技术，沟通产品需求与功能设计。原型设计是对产品结构图和产品流程图的一个更形象表达，在整个新产品开发流程中有着承上启下的作用。

产品设计的最终目的是走向客户，而不仅仅是为了企业家的愿景。具体而言，原型设计使公司能够通过收集客户在概念期间提供的质量反馈来测试业务假设。原型可以为项目团队提供"更快出错"的机会，而且成本较低。

四、从设计模型到构建实施

在这个环节，我们需要从最小化可行性商品延伸至最小化可行性商业模式。精益创业理论提及精益创业的过程就是通过最小可行性产品（MVP），尽快进入开发的阶段，用于衡量产品在市场中的影响力。通过设计问卷，探访顾客和材料收集的测量方法以及进行创新核算，获得阶段性认知目标，判断产品开发的阶段是否真正为企业带来了发展。最后提出"信念飞跃"的假设，验证假设并得出可执行指标以分析顾客行为，支持创新核算。从开发到测量再到认知的三阶段反馈循环如图 2.1 所示。

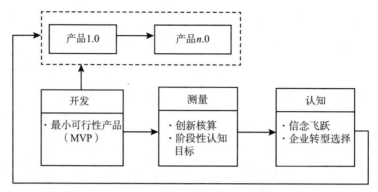

图 2.1 "开发—测量—认知"反馈循环

　　商业模式描述了一个企业如何创造价值、传递价值和获取价值的基本原则。一个新的商业模式的最直观的价值是因为它是一个全新的、前所未有的。前人没有验证过这个商业模式，在新创公司被提出，被推入市场，再被检验，检验成功后成为一个有价值的商业模式，可以实施，进行裂变增长。如今，有许多的新创企业害怕自己的商业模式被竞争对手直接套用，甚至更好地执行，并被领先一步获得研究成果。但事实结果是，如果想要你的商业模式不被任何人所知，几乎是不可能的。所以，比竞争对手更快一步推进市场，更快推进"开发—测量—认知"的反馈循环，更快获得新的认知并验证自己的想法是非常重要的。

第二部分

———————————————————

根 盘 蒂 结

第三章

思维可视化建模核心元素

第一节　建模层次

我们必须承认，这个世界是不完美的，存在各种各样的问题。这些问题可以理解为我们的"痛点"。通常我们是通过观察发现问题，通过换位思考试图理解这些问题的真正内涵，然后洞察到问题反映出来的需求，制定方案并着手去解决问题痛点，进而满足需求。创业者从现实世界痛点问题出发，到给出解决方案，是一个层层建模的过程。

从客户体验的业务流程出发，构建业务模型视图，这是设计师在最初阶段对痛点的认知。下一步在最迫切的场景中充分发现问题，并评选出最需要解决的那些问题，通过情感链接洞察出问题背后的需求所代表的真实的用户期望，直至走到设计师为实现用户的这些期望所设计出的创意，这些都停留在想法阶段，因此称为概念模型。一切想法最终要考虑如何实现，这就是原型呈现的环节，这个环节也被称为设计模型。为了实现精益创业的理念，最后要以最小可行性产品（MVP）并结合商业模式的设计给出创业的实施方案。从"业务建模"到构建"概念模型"，再到"设计模型"的建模层次以及各层次可视化的思维工具图谱，具体如图 3.1 所示。

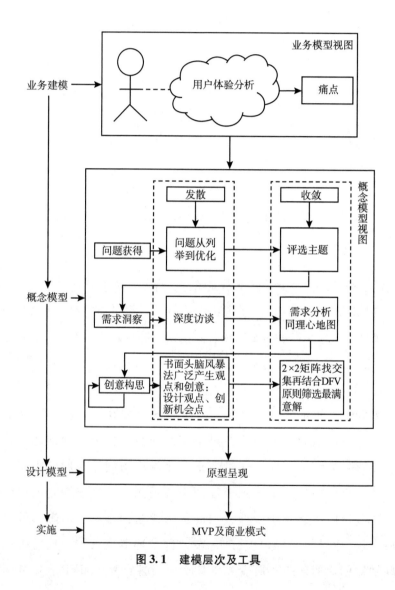

图 3.1　建模层次及工具

第二节　利益相关者

一、基本概念

利益相关者（stakeholder）是能够对企业生产经营产生影响或者受组织决策和行动影响的任何相关者，如图 3.2 所示。利益相关者可以是内部或外部的群体或个人，受组织的直接影响或间接影响，也能够对组织产生一定影响，因此他们的意见一定要作为决策时需要考虑的因素。例如，在数字时代下，企业组织内部的员工及企业的客户属于传统意义上的利益相关者，而提供服务的平台合作方、政府监管部门等亦被视为利益相关者。

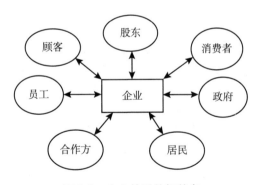

图 3.2　企业的利益相关者

二、发现利益相关者

利益相关者是指"那些能够影响企业目标的实现或受其影响的个人或群体"（Freeman，1984），作为一种具有新锐解释力的理论分析范式，利益相关者理论从公司治理领域向社会学、管理学等领域溢出，成为对制度和管理活动进行深度剖析的重要理论工具。

发现利益相关者是"业务建模"阶段的重要环节，我们要通过深入细致地寻找并调研利益相关者，获得相关客户体验分析，发现痛点问题。在思维可视化建模过程中，为了更加快速地发现利益相关者，我们通常将利益相关者分为主要利益相关者和次要利益相关者。主要利益相关者是对项目内容表现出高度兴趣和重要联系，并对项目产生重大影响的人；次要利益相关者则是对项目有较少兴趣或关联性，对项目影响较小的人。利益相关者地图是一种简单但非常有效的用来分析利益相关者的技术，它通过图形形式对不同的利益相关者进行归类，将这些利益相关者与项目的关联性、重要性、影响力等因素进行展示与分析，从而我们可以清楚地得知利益相关者的相关利益与动机、哪些因素可能对利益相关者产生影响、项目运行存在哪些潜在风险、哪些利益相关者是对项目有利的。利益相关者地图可以在早期阶段帮助我们梳理复杂却十分重要的利益关系，制定更加清晰有效的发展战略，减少设计方案的不确定性。

三、人物角色

创建人物角色时，把人物角色想象成"真人"很重要。人们有自己的经历、职业生涯、偏好以及一些私人或专业的兴趣，创建人物角色的主要目标是发掘他们真正的需求。通常我们会根据对用户的认识，进行第一轮潜在用户的勾勒，必须保证勾勒出来的用户在真实世界中存在。勾勒的内容包括年龄、性别、居住地、婚姻状态、业余爱好、休闲时间、教育水平、职位、社会环境、生活方式、思维方式等。

下一步是走出房间去和潜在用户聊聊，进入他们的角色，倾听他们，并做他们所做。对象可以是同事、家人、客户、陌生人等，非常具有多样性，但这些描述中都存在着共同的前提，即将自己放在他人位置上，开展对他人观点、思想、动机及需求进行推断和理解的主动认知。这个认知过程涉及两个方面：一是类比推理，由于个体不能直接接触到他人的思维，因此可通过模拟类比推理他人的思想；二是注意力迁移，包括从认知层面推断人物主角思想或信念，情感层面推断人物主体的感受或情感。

<h2 align="center">第三节　问　　题</h2>

一、基本概念

"问题"是需要我们研究讨论并加以解决的矛盾、疑难，并且是关键的、重要之点。在本书中，所谓"问题"就是通过用户体验后反映出的痛点问题，在初始阶段，问题是杂乱无序的，需要对问题进行进一步的分析研究，不断优化问题的粒度。

二、问题的特征

哈佛大学格兰特·威金斯博士在《追求理解的教学设计》一书中认为，一个好的基本问题有七个特征：

（1）是开放式的，问题不存在唯一的答案；

（2）是发人深省和引人思考的，常常会引发辩论；

（3）是需要高级思维的，仅仅通过记忆和知识点无法有效回答这些问题；

（4）指向学科重要的、可迁移的观点；

（5）能引发其他问题，激发进一步的探究；

（6）需要证据和证明，而不仅仅是答案；

（7）随着时间的推移会反复出现。

由此得知，好的问题能够把我们引入富有成效的思考状态之中，激励我们逐步去建构想要的结果。因此，在思维可视化建模过程中，我们要尝试提出开放式的、能够引发思考的、与研究方向密切相关的问题，并不断从这一问题中向外引申出其他相关问题，寻找多样的证明路径，在不断提问和回答的过程中得出最终结论。

三、问题的维度和粒度

看待问题需要用 360 度视角，例如，利益相关者、时间、金钱、年龄、文化、地缘政治、时间压力等视角。

思考问题都有个从大粒度级向小粒度级逐渐细化的过程。例如，我们发现新开业的餐馆客人不多的问题，进一步思考，也许会发现是由于菜品口味不佳导致，再进一步细化会发现某种原材料的使用影响了整体的菜品口味。当我们寻找到最小粒度的问题时，便会知道从何处入手去解决这一问题了。

我们结合维度和粒度看待"问题"，就可以找到无限多的组合方式。例如，对利益相关者的员工细分为长期员工、具备专业技能的员工、关键员工、学徒；将时间维度细分成过去、现在、未来。这样描述问题时就可以在细粒度级上开展排列组合，产生若干问题的陈述。

四、问题的获得

一位病人走进了医院，我们看一下他与医生的一段对话：

病人：医生，我好痛。

医生：身上哪里痛？

病人：肚子痛。

医生：肚子上边痛还是下边痛？

病人：下边这里。

医生：那是刺痛，还是隐隐作痛？

病人：刺痛。

医生：痛多久了？

病人：昨晚吃完烧烤就痛起来了，肉好像有点变味。

医生：那你可能感染了急性肠胃炎。

从病人的"痛"到医生发现其病痛的原因的过程，是发现问题、查找痛点的过程。发现问题是解决问题的前提，而且我们认为，发现问题往往比解决问题更重要。在思维可视化建模过程中，问题的获得就是探索问题的过程，是我们建立"概念模型"的第一步，也是极为重要的一环，为之后解决问题打下基础。为了获得并确定"问题"，我们不妨在头脑风暴之前先进行一场问题风暴，在创新工作开始之初，大家需要通过讨论、碰撞，最终实现对"问题"的认同。

马修在《赢得脑力战》中描述了问题生成流程，步骤如下：

（1）从主题到问题：浓缩出一句带有争议性的、简明扼要的陈述。例如："30%的客户不满意我们的服务。"

（2）提出问题：在问题风暴过程中，分成小组提出犀利的问题。

（3）优化问题：筛选、改善问题，例如，将封闭式问题转化为开放式问题。

（4）评选最优、决定下一步：小组选优，然后全体投票，决定下一步工作的重点问题。

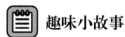 **趣味小故事**

小杨是我的大学同学，他是一名小学教导主任，但最近他因为一个问题而头疼不已，学校清洁阿姨经常投诉，教学楼公共洗手间镜子上总有人在上面留下口红唇印，学生觉得这样子非常的酷，并且引发了大家纷纷效仿，最

近口红唇印越来越多了，清理都来不及，清洁阿姨觉得非常无奈。小杨主任非常生气，决定惩罚那些学生，但是一直抓不到人，而且，学生效仿的反而越来越多，问题越发严重。小杨主任有点束手无策，就跟我们吐槽，有位鬼点子特别多的老同学在他耳边悄言几句，小杨主任听罢开怀大笑。第二天，小杨主任把学生集合起来，带到洗手间的镜子前。不出意外地，镜子上好多口红唇印，大家看到后都偷偷地笑了起来。小杨主任没有责备他们，而是大声说道："你们知道清洁阿姨为了清除这些唇印有多辛苦吗？我们应该尊重她们的劳动！"说罢，让清洁阿姨去清理唇印。只见清洁阿姨从洗手间地面上抓起脏兮兮的拖把，在镜子上擦起来。学生们见状纷纷眉头紧皱。从此以后，镜子上再也没出现过唇印。

第四节　需　　求

一、需求来自痛点并决定期望

美国心理学家亚伯拉罕·马斯洛（Maslow）从人类动机的角度提出需求层次理论，该理论强调人的动机是由人的需求决定的。而且人在每一个时期，都会有一种需求占主导地位，而其他需求处于从属地位。人的需求分成生理需求、安全需求、归属与爱、尊重需求和自我实现五个层次，具体如图3.3所示。

需求是由低到高逐级形成并得到满足的。低层次的需求基本得到满足以后，它的激励作用就会降低，其优势地位将不再保持下去，高层次的需求会取代它成为推动行为的主要原因。有的需求一经满足，便不能成为激发人们行为的起因，于是被其他需求取而代之。

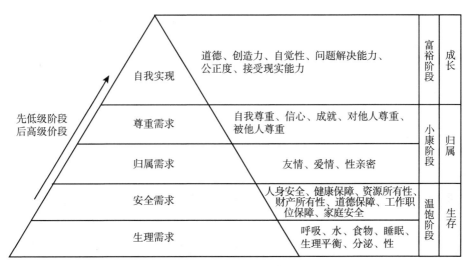

图 3.3 马斯洛需求层次理论

日本学者狩野纪昭开发的 KANO 模型中，产品需求被分成五类：

（1）基础型需求。基础性需求是一个产品最基础的功能，这个需求不能够被满足，则产品就不能正常使用，例如，微信软件的打字聊天功能、相机的拍摄功能等。

（2）期望型需求。期望型需求的效果，是让用户满意度提升。例如，微信聊天中的表情包，用户期望有一种俏皮的、不局限于文字的聊天方式，表情包恰好满足了用户这一点。

（3）兴奋（魅力）型需求。兴奋型需求也称为魅力型需求，是超出用户预期的，让用户满意度大幅提升的需求。例如，微信推出的红包功能，用户突然发现微信中就可以直接发红包了，足不出户，就能完成拜年互动，于是，一个春节，借着红包的力量，微信支付一下子成为可以比肩支付宝的支付平台。

（4）无差异型需求。用户觉得可有可无的功能，实不实现都无所谓。

（5）反向型需求。就是做了之后，用户体验和用户满意度会下降的需求。

需求的定性并非一成不变，随着互联网技术的发展，用户获得越来越好的体验，交互方式日益成熟，未来"魅力型需求"可能成为"期望型需求"，"期望型需求"成为"必备型需求"。例如，在2G时代，聊天发送视频和图片是"期望型需求"，到5G时代，则演变成了"基本型需求"。技术在革新，我们日常使用的产品或体验的服务都在越来越好，对产品的期望也越来越高。

需求在本书中指的就是用户需求，即用户在特定情境下对产品或服务的期望和要求。发现用户需求的设计理念产生于设计者与使用者之间的"认知摩擦"背景中。产品的设计是以使用者为中心的，但是设计者仅能以本身的心智模式来设计产品，同时使用者又以自己的思维模式来解读产品，两者的思维模式之间必然会存在区别，那么在使用产品时，使用者会错误判断甚至无法读懂产品所要传达的信息。因此设计者只有尽量站在产品使用者的角度去贯彻自己的设计理念，尽量去考虑使用者的思维方式和行为模式，减小设计者和使用者之间的认知误差，才能找到用户真正的痛点，进而发掘用户需求。

我们理解用户痛点，发掘用户需求的过程中，会接收到用户反馈给我们的各种信息，其中有听到的信息、看到的信息、他们表达的想法和感受，以及他们是如何说或者做的等信息。我们需要通过换位思考的方式，站在用户的角度上，去理解这些需求表达中所包含的痛苦的地方以及用户对产品服务的期待。根据用户对产品和服务的期待，再着手进行设计与完善，会使得用户对产品和服务接受度与满意度大幅提升。

二、洞察需求

所谓"洞察"就是将用户需要转变为用户真实需求的思维过程。洞察意味着深入了解和理解事物的本质，洞悉事物的真相。人的具体需要经常是显而易见的，但需求是潜在的，我们要理解"用户需求"有时候是藏在需求表达的冰山下面，具体如图 3.4 所示。

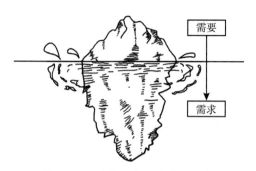

图 3.4　用户需要与用户真实需求

　　有时候用户都不清楚自己的需求到底是什么，换句话说，我们要做的事情，不是对显性的需要做出描述，而是挖掘出隐性的需求，找到用户真正需要的东西，这便是洞察需求的过程。例如，在幼儿园的佳佳小朋友特别希望得到一朵小红花，得到小红花是佳佳小朋友所需要的东西，但是我们通过洞察就会发现，其实他想要的不是小红花这个物体本身，而是小红花代表的荣誉和奖励，小红花可以在网上买到很多，但是这份荣誉和奖励才是佳佳小朋友最本质的需求。

 **拓展学习**

同理心访谈法

　　要了解一个人的思想、情感和积极性，这样您就可以决定如何为他或她创新。这需要我们走近用户，开展访谈，通过了解人们的选择和行为，确定他们的需求，并为满足他们的需要而设计，同理心访谈的具体步骤见图 3.5。

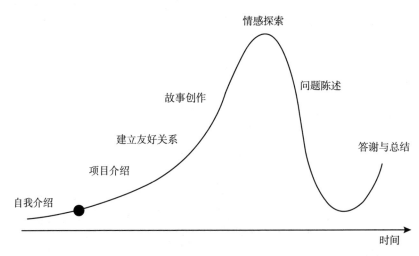

图3.5 同理心访谈步骤

访谈中的注意事项：

（1）问问为什么。即使您认为您知道答案，也要问问人们为什么这么做或这么说。有时答案会令您感到吃惊。以一个问题开始的对话，只要有必要就应该一直继续下去。

（2）永远不要在提出问题的时候提及"通常"这类字眼。相反，去问一个具体的事例或事件，例如，"告诉我您上一次_____"

（3）鼓励讲故事的行为。人们讲的故事是否真实，都揭示了他们对这个世界的看法。提出一些能让人讲故事的问题。

（4）寻找矛盾所在。有时候人们说的和做的是不一样的。这些不一致常常隐藏有趣的灵感。

（5）关注非言语暗示。请注意肢体语言和情感。

（6）不要惧怕沉默。采访者常常觉得有必要在休息时提出另一个问题。如果能留有沉默的时间，一个人就可以反思刚才说过的话，并且可能揭示更深层次的东西。

（7）不要引导别人回答您的问题。即使他们在回答之前停顿了一下，也不要给出建议来帮助他们回答。这会无意中让人们说出符合您期望的答案。

（8）以中立的态度提问。"您认为给您的爱人买礼物怎么样？"这个问题就比"您不觉得购物很棒吗？"更好，因为第一个问题本身不包含一个正确的答案。

（9）不问二选一的问题。需要主导一个建立在故事的基础上的对话。

（10）确保做好了收集信息的准备。最好两个人一起去采访。如果做不到，您应该使用录音设备，因为不能苛求在协同用户参与的同时又做好详细的笔记。

三、创新机会点

当我们根据分析得出用户期望，并洞察到用户的真实需求后，这些"需求"就成为接下来解决问题的关键，这将是突破创新的机会点。在思维可视化建模过程中，我们找到了问题的本质，但是需要对问题进行重构，接下来要将这些创新机会点进行一条条的罗列，通常我们选择使用一种重构问题的提问方式，以"我们该怎样……"为固定句式，帮助我们以积极的态度去提出问题，这是思维发散的过程，帮助我们寻找到更多的创新机会点。重构问题是面向行动的，是积极的态度，这是创新机会点的核心思路。

"我们该怎样……"这个固定句式问题需要头脑风暴来大量产生，可以从增强利好因素、移除不利因素、探索对立面、质疑假设、关注形容词、识别出让人意想不到的资源、依据需求或背景提出类比问题、直击挑战、改变现状九个视角来开展问题陈述。

例如：请您设计并帮助提升一家机场地面服务的客户体验。您在现场观察中发现，旅客带着幼童去乘坐飞机，提前到达机场，有时候不得不在候机厅等好长时间，如果遇到飞机延误，那可能就更糟糕了！同时，还需要照顾孩子们，这个年纪的孩子特别调皮，他们的玩闹不仅让家长精疲力竭，而且常常会打扰到其他同样等候的旅客。

在这样的场景中，如何提出创新机会点呢？基于以下九个视角，通过"我们该怎样……"句式，给出九个创新机会点的陈述如下：

（1）增强利好因素：我们该怎样利用孩子的能量来娱乐候机的其他乘客？

（2）移除不利因素：我们该怎样把孩子与其他乘客分离开？

（3）探索对立面：我们该怎样让候机成为旅程最令人兴奋的一部分？

（4）质疑假设：我们该怎样完全去除在机场候机的时间？

（5）关注形容词：我们该怎样让赶飞机成为一种令人振奋而不是让人烦恼不堪的体验？

（6）识别出让人意想不到的资源：我们该怎样利用其他乘客的空闲时间来共同完成这个项目？

（7）依据需求或背景提出类比问题：我们该怎样让机场变成像水疗美容与养生（SPA）那样的场所？像游乐场的场所？

（8）直击挑战：我们该怎样让机场成为一个孩子们都想去的场所？

（9）改变现状：我们该怎样让那些顽皮吵闹的孩子不再烦扰到其他的乘客？

第五节　创　　意

一、来自创新原则的指导

斯坦福大学戴维·凯利提出了设计思维的创新模型（如图 3.6 所示），认为创新必须充分满足三个要素，即体现人文价值的市场需求性、技术可行性和商业延续性。首先，设计思维的核心是"以人为本"，要考虑人的需求，人文价值体现了项目在基本满足需求的功能上的实现；其次，设计思维要满足"技术可实现性"，即要考虑技术上要有实现的可能性，选取支撑创新项目的新兴技术为项目的创新功能提供了可能性；最后，设计思维要满足"商业延续性"，商业延续性既体现了能够盈利，又从风投的角度，可以看到项目的发展预期。对于创业团队来讲，满足以上三点的要求，这样的创新才是有价值、有意义的。

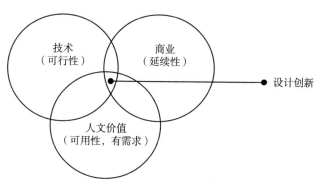

图 3.6 斯坦福设计创新模型

创新原则就是指评判创新价值的标尺，指的是指在创新创业决策的过程中，创新的发散与收敛都要面临的三个维度的约束，包括人文价值层面的市场需求性（desirability，D）、技术层面的可行性（feasibility，F）、商业层面的延续性（viability，V），也就是"DFV"创新约束原则（如图 3.7 所示）。

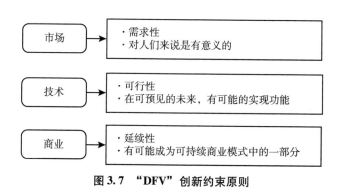

图 3.7 "DFV"创新约束原则

　　具体而言，需求性（desirability），即设计首先更考虑人的需求，要开展对客户有价值、有意义的创新。需要注意的是，设计满足用户需求不仅仅要靠用户来描述自己需求什么，更需要设计者从用户的认知、行为和动机层面去洞察他们的真实需求，从而确定新的可能性。可行性（feasibility），即设计主要通过技术可行性分析来明确团队技术开发能力和技术资源条件的边界，简单来说，就是在可预见的未来，产品有可能实现的功能。延续性（viability），即设计主要是从商业层面进行考虑，要让设计成果有望成为可持续商业中的一部分。

　　在创业思维可视化决策中，小到一个创意的评价，大到整个项目的好坏，都要经过 D、F、V 三个约束条件的评判。因此，在创新过程中，团队需要不断重复考虑这三个维度的约束，以确保创新成果能够满足用户需求、技术上可实现、商业上可延续。

二、发散与收敛

　　思维的发散与收敛是在整个创新过程中一直发生的活动，发散思维和收敛思维是两种不同的思维模式，它们在解决问题和思考过程中交替进行（如图 3.8 所示），有不同的作用。

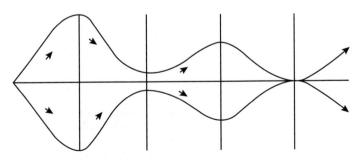

图 3.8　创意思维的发散与收敛

发散思维是一种寻求多样化的思维过程。它鼓励人们从不同的角度思考问题，产生多种不同的想法和解决方案。发散思维没有固定的答案或解决方案，它追求的是创新和多样性。这种思维方式通常用于创意过程、创造选项。收敛思维则是一种更具针对性的思维方式，它更注重解决问题的方法和策略。收敛思维的目标是找到一个最有效的解决方案，因此它更注重对信息的筛选和整合。这种思维方式通常用于决策、判断和总结等场景，是做出选择的过程。

在实际应用中，发散思维和收敛思维通常是相辅相成的。在问题解决过程中，人们首先需要通过发散思维来收集各种信息和想法，然后通过收敛思维对这些信息进行筛选和整合，找到最有效的解决方案。

例如，当我们需要构思如何满足客户的某个需求时，在构思创意的过程中，我们将遵循"发散—收敛"的循环设计思路。在思维发散阶段，产生足够多的想法创意；再通过思维收敛，筛选出符合条件的创意方案。

需要注意的是，"发散—收敛"这两个步骤是循环向前，不断推进的过程。也就是说收敛完成后不代表结束，而是新的开始，可以继续进行发散，继续收敛，直至筛选出可行的创新设想或解决方案。

第六节　原　　型

一、原型的类别

原型就是人们在解决问题时，对于新的创新设想，以一种最方便快捷的方式呈现出来，达到验证假设的目的的东西。原型并非最终成品，它只需要满足使用者的体验需求、展现创意点的关键特征即可。例如，对于数字化软件产品，原型是指软件产品上线之前所依据的样图；对于建筑物，原型是建筑的设计图稿；对于新房，原型是新房的户型平面图。原型的类型包括：手绘原型、灰模原型和交互原型等。

（1）手绘原型，是最简单直接的方法，也是最快速地表现产品轮廓的方法。通过纸和笔，快速手绘原型，在初期验证想法时非常高效，也方便讨论和重构，同时也适合敏捷开发时快速出原型。

（2）灰模原型，也叫平面模型或线框图，或者中保真原型图，是对产品的每个页面的具体表达，不带颜色、不带交互，只有灰色的线条、形状与文字。相对手绘原型，灰模原型更加清晰和整洁；相比交互原型，灰模原型只是缺少交互效果，仅仅是将产品需求以线框结构的方式展示出来，让产品的需求更加直观。

（3）交互原型，是通过原型设计软件完成的原型，带有页面的跳转、弹窗等交互效果，在功能需求和交互需求的表现上，几乎和正式产品是一致的，所以有时交互原型也被称为产品 Demo 版。产品经理通过交互原型来推演真实的用户使用场景，从而更好地把握产品与用户。

二、原型检验的发散及收敛

在原型设计完成后，根据思维可视化建模流程，可以继续利用"发散—收敛"的思维工具对原型进行完善。

将原型呈现给团队、利益相关人以及用户，采用不同工具进行测试和验证。我们可以 2 人一组，在测试中，不要过多地引导用户，只是观看用户的使用路径，当用户偏离路径太远时，也不要过快纠正他们，我们可以从中获得用户的预期。一般情况，选择 3～6 人进行验证，倘若人数不够，也可以再多选择几个用户进行验证。验证后，汇总所有的验证资料，分析和总结所有用户共性的问题和用户关注点。针对原型验证问题后，如何解决验证过程中出现的新问题？这里需针对这些问题进行新的一轮讨论和方案制定，重复前面的原型制定和验证过程，保证设计的原型是用户所需要。原型的验证是重复的周期，直到没有发现新的大问题，各方都满意了，就可以停止新一轮验证，进行研发和发布。当然，发布后，我们又会接收其他的反馈和需求，新一轮的原型制作和验证又开始了。

三、原型的迭代

原型是解决方案的简单实验模型，用于快速、廉价的测试或验证概念，可以让想法与用户进行互动，不管用户是否喜欢原型，我们都可以从中获得反馈，并为用户设计一个更好的方案。作为一种低成本验证产品可行性及产品体验的途径，从基础的草图到线框图再到可交互的高保真原型，每个环节我们都在对原型进行持续测试和验证，直到我们认为已规避大部分问题，正式启动产品的研发和上线。但这并不意味着完全完成了产品研发，即使发布的版本用户感到满意，用户依然会提出反馈，而我们必须在未来的版本中进行调整。新的一轮原型测试和验证也就开始了，这对产品本身大有裨益。

通过不断的"发散—收敛"循环过程，根据用户的反馈意见，检验修正原型，结合产品特性、技术、人力、资金、市场等因素综合考量，对原型进行迭代更新，不断地找到贴近满足用户需求的极限。

第七节 实 施

一、精益创业与MVP

埃里克·莱斯（Eric Ries）将精益创业提炼为包含"开发—测量—认知"三阶段的创新核算过程，如图3.9所示。

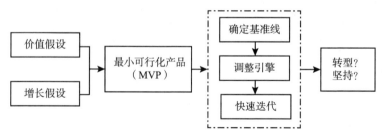

图 3.9　创新核算的三个步骤

在开发阶段，创业者把企业愿景分解成一个个独立部分，并对其进行"价值假设"（value hypothesis）和"增长假设"（growth hypothesis）的验证。"价值假设"衡量的是当顾客使用某种产品或服务时，它是不是真的实现了其价值。"增长假设"是用来测试新顾客如何发现一种产品或服务。一旦明确了这些假设，企业需要开发最小可行性产品（MVP）并投放市场以检验客户的反应，确定企业目前所处阶段的真实数据。最小可行性产品的目的是快速开启学习认知的流程，是对传统质量观念的挑战。

在测量阶段，当通过最小可行性产品测试假设后，应同时为每个假设建立基准线指标，包括转化率、注册和使用率等，这些指标提供了顾客情况、顾客对产品的反应等基础信息。单一的最小可行性产品可以测试多个假设，并同时为每个假设建立基准线指标。另外，企业可能会开发几种不同的最小可行性产品，每次分别针对一个假设获取反馈。确定基准线后，下一步是调整引擎，即进一步以提升增长模式中的某个驱动因素为目标，通过迭代更新不断尝试把驱动性因素从基准线逐步调至理想状态。

在认知阶段，当企业通过一系列措施明确哪些策略是可行的，哪些是过激的，了解了顾客的真实需求，认清企业是否朝着可持续发展之路成长，并在调整过程中对产品进行微调和优化后，就到了决策的时刻：转型还是坚持？转型是指在验证性学习阶段改变企业发展的方向。企业通过一段时间的不断学习，朝着可持续业务的方向发展，会看到增长模式中的各项数字在由最小可行性产品所建立的基准线上逐步攀升，并向商业计划中的理想状态靠拢。

而做不到这点的企业则会看到理想离它们渐行渐远。如果无法推动商业模式中的驱动因素，就说明已经到了转型时刻。

表 3.1 是小红书精益创业过程，给出了小红书从购物分享社区到社区电商再到生活方式分享平台的转型过程。

表 3.1　　　　小红书精益创业"开发—测量—认知"反馈循环

项目		购物分享社区	社区电商	生活分享式平台
第一阶段：开发	价值假设	用户需要海外购物的经验、攻略分享	社区笔记激发用户购买欲望，用户需要满足购买欲望的消费渠道	随着整体社会娱乐化、注意力分散化，年轻人存在获取碎片化内容的需求焦虑
	增长假设	出境游人数逐年攀升，人们在海外购物的机会越来越多，购物分享平台可提供相关信息	跨境电商政策的支持、人们对高品质生活的追求等因素使得跨境电商市场存在较大的发展空间	年轻人之间的关系依赖于互联网媒介，他们对于内容社区的需求不断加强以获得参与感、归属感，拥有鲜明特色的内容社区会吸引越来越多的用户加入
	MVP	我国香港地区购物指南（V1.0）	小红书购物笔记（V2.0）	小红书购物笔记（V4.11）
第二阶段：测量	确定基准线	• 用户需求是否存在 • 产品功能的可行性	• 秒杀式进行试卖	• 新增短视频日记 • 日活跃用户数量 • 成交总额
	调整引擎	• 不局限于我国香港地区，扩大社区分享范围 • 突出"达人"，加强用户之间的互动交流（早期） • 增加用户等级及积分、推荐关注功能等 • 危机事件后，开始"重内容，轻达人"（后期）	• 增加商品品类和数量 • 第三方商家入驻平台 • 福利社成为单独入口 • 积分用于购买福利社好物 • 搜索功能中增加商品信息搜索，方便查找 • 举办周年庆、"红色星期五"等系列活动来提升品牌知名度、增加用户 • V4.1 版本新增首页智能推荐功能，实现精准推送	• 分享内容延伸至旅行、健身、家居、美食等 • 推出自有品牌 • 明星入驻、赞助综艺等来吸引用户、创造爆款 • 短视频笔记可添加背景音乐、贴纸等，福利社首页增加频道栏目

项目		购物分享社区	社区电商	生活分享式平台
第二阶段：测量	快速迭代	先后经历了 V1.0～V1.12 多个版本的迭代	先后经历了 V2.0～V4.10 多个版本迭代更新	先后经历了 V4.11～V5.17 多个版本迭代更新
	测量验证	以社区基本功能完善为基础，重点从用户内容分享、浏览体验和社区用户激励三个方面发力，逐渐确立社区调性。但是缺少变现渠道，无法满足用户的购买需求	初步实现社区＋电商的融合，但两个功能区的分界线仍十分明显，如何实现内容到购买的无缝跳转，是小红书努力的方向。此外，电商巨头占据市场较大份额，小红书需要丰富内容分享类别获得新增长	不断巩筑社区壁垒，分享内容从购物延伸至旅行、健身、家居、美食等 20 余项类别，逐渐淡化"跨境电商"标签，目标用户规模不断扩大
第三阶段：认知	转型/坚持	转型	转型	—

资料来源：中国管理案例共享中心《从"海淘顾问"升级"国民种草机"：小红书商业模式演化之旅》案例使用说明。

二、商业模式

（一）商业模式画布

商业模式画布图由 9 个方格组成，每个方格都代表着若干种可能性和替代方案，具体如图 3.10 所示。

客户细分构造块用来描绘一个企业想要接触和服务的不同人群或组织；价值主张构造块用来描绘为特定客户细分创造价值的系列产品和服务；渠道通路构造块用来描绘企业是如何沟通、接触其客户细分并传递其价值主张；客户关系构造块用来描绘企业与特定客户细分群体建立的关系类型；收入来源构造块用来描绘企业从每个客户群体中获取的现金收入；核心资源构造块给出了使得企业组织能够创造和提供价值主张、接触市场、与客户细分群体建立关系并赚取收入的资源；关键业务构造块用来描绘为了确保其商业模式

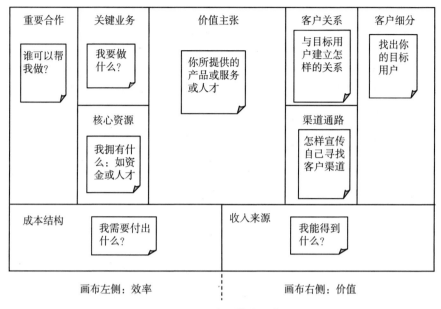

图 3.10　商业模式画布

可行，企业必须做的事情；重要合作构造块用来描述让商业模式有效运作所需的供应商和合作伙伴的网络；成本结构构造块用来描述使一个商业模式有效运作所引发的所有成本。商业模式结合精益创业的"开发—测量—认知"循环，不断地向高阶演化。

（二）商业模式演化的驱动因素

商业模式原型的成分和要素之间关系的互动表现为商业模式的"动态性"特征，这些成分和要素在内外部因素的刺激下，最终导致商业模式的演化。商业模式被定义为资源结构、交易结构和价值结构三个维度（Osiyevskyy and Dewald，2015）。资源结构指企业的有形/无形资源禀赋，用以支持业务活动和价值创造；交易结构决定了组织内和跨边界事务的配置和特征；价值结构包括了价值创造的来源，即如何通过资源和业务配置创造机会。研究发现，如果高管团队将技术和环境等外部因素对商业模式的冲击视为机遇，那么就会诱发高管团队在交易结构和价值结构方面做出改变和创新；如果将冲击视为业绩下滑的威胁，会诱发高管团队在价值结构方面做出改变和创新；如果将冲击视为非关键威胁，会诱发高管团队在交易结构方面做出改变和创新；如果将冲击视为釜底抽薪式威胁，高管团队会拒绝改变企业现有的资源结构。吴晓波和赵子溢（2017）总结了驱动企业商业模式演化的内外部因素。该研究认为，管理认知、资源能力、组织活动和盈利模式从内部影响企业商业模式演化；而技术创新、制度环境、市场环境和价值网络从外部影响企业商业模式演化。具体如图 3.11 所示。

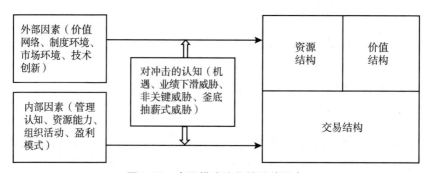

图 3.11　商业模式演化的驱动因素

三、商业计划书

商业计划书（business plan）是一种书面文本，是公司、企业或项目单位面向投资者提供的，根据一定的格式和内容要求撰写的，全方位介绍企业或项目内容的规划设计和工作方案。商业计划书通常包括项目执行概要、项目背景与市场分析、用户分析、产品或服务、竞争分析、营销分析、团队介绍、商业及盈利模式、项目执行状况、财务分析、融资与发展计划、风险防范以及附录等。一般来说，商业计划书撰写的主要意图是获得投资者的青睐，只有内容翔实、数据丰富、体系完整、装订精致的商业计划书才能获得更多的机遇。

第四章

思维可视化核心视图

在理解创新创业决策思维可视化的基础理论和基本逻辑后，我们将继续深入探讨如何推进实施，本章将为大家介绍创新创业决策思维可视化核心视图，并探讨如何理解并运用。

第一节 帮助发现痛点的用户体验图

用户体验地图（customer experience journey maps）是用图像或图表化方式呈现用户为满足某个需求而经历的过程，通过将每个阶段的行为和感受进行拆解分析，帮助我们更深入细致地了解用户的需求和痛点，并让产品的参与者对用户流程及体验有更直观的了解。简而言之，我们通过绘制用户体验地图，再现整个体验过程的情景故事，记录用户从启用产品或服务到完成目标离开的完整过程。

发现问题往往比解决问题更重要，在创新创业决策思维可视化的模型逻辑中，我们首先要解决的，不是问题本身，而是问题的来源，这会在最大限度上帮助我们去伪存真，甄别并剔除"自娱自乐"和"伪需求"。用户体验地图能帮助创业者从用户角度考虑他们的产品，帮助创业者站在真实用户及产品全流程的角度，保证业务各角色对用户、流程、体验理解一致，进而挖掘用户痛点、发现新的场景和设计机会点，帮助创业者从用户角度考虑产品、设计产品。表4.1给出了用户体验地图的场景规划。

表4.1 　　　　　　　　　　　**用户体验地图场景规划**

场景：

项目	体验阶段				
	1	2	3	4	……
发生行为					
感受痛点					

在绘制用户体验地图过程中，首先要写明此次体验活动的场景，例如，场景可以是"在超市购买商品后用支付宝付款"。在表4.1中，"体验阶段"是指在整个体验过程中细分出来的每个阶段，例如，刚刚举例的支付宝付款场景中，体验阶段大致可以分为付款前、付款中和付款后，但是这里的阶段应可以根据实际情况进行区分。"发生行为"指的是在某个阶段中用户与产品的触点，既包含了用户的行为，例如，拿出手机、出示付款码，也包含了提供产品或服务的行为，例如，服务员扫付款码、确认收款的延迟等待，是一个场景再现的重要内容，行为描述越清晰详细，收集得到的信息就越充分。"感受痛点"就是指体验中所听、所想、所感的综合体验，包括情感和情绪的变化，在创新创业决策中，希望得到用户体验中糟糕的部分，以帮助我们发现问题。

我们以"在某App购买二手无人机"的场景为例，我们通过绘制用户体验地图，见表4.2，还原人们从开始选择到交易完成的全部体验过程，并进行一步步分解，以发现其中的用户痛点。

表 4.2　王朵朵在某 App 购买二手无人机的用户体验地图场景规划

场景：王朵朵在某 App 购买二手无人机

项目	体验阶段			
	1. 寻找商品	2. 查看商品详情	3. 联系卖家	4. 达成交易
发生行为	• 首页推荐 • 关键词搜索商品 • 在"鱼塘"页发现商品 • 附近的商品	• 查看商品的基本情况 • 查看卖家的信息，包括信用、评价等	• 确认商品的细节 • 跟商家讨价还价	• 确认价格 • 拍下商品 • 快递发货
感受痛点	• 信息过多，不知道如何选择 • 商品价格与价值是否匹配	• 商品定价估值是否匹配 • 商品是不是经过美图修饰过，无法判断成色 • 信息描述太少 • 有的照片拍得很模糊	• 担心商品质量 • 砍价过程麻烦，浪费时间，但又想便宜 • 有的商家没有耐心、不礼貌 • 有的商家迟迟不回复信息	• 担心卖家迟迟不发货 • 担心快递运输中会损坏机器 • 担心收到货是假货

也可以用形象的图画出一个虚拟顾客从服务开始到结束所经历的各个阶段。这一历程的起点也许是虚构的，例如，直接来自对人们购买美食或对房屋装修决策过程的理解和观察。图像描述顾客体验历程的价值在于，它阐明了顾客与服务或品牌在什么情况下会发生互动。每个这样的"接触点"都指向一个可能为公司目标顾客提供价值的机会，或者永远失去这些顾客的原因。

第二节　推动问题具体化的问题生成技巧

通过用户体验分析后产生的痛点问题是比较杂乱无序的，我们需要通过梳理问题，并评选最终的主题。

问题生成技巧围绕需求痛点，通过团队思维发散的方式，探寻并达成问题共识。当我们通过用户体验图发现众多痛点问题后，并不能立刻开始创新工作，而是团队需要通过讨论、碰撞，实现认同。拟定项目命题的过程，也是决策者达成共识的过程。如果创业团队对所要面对的挑战、问题的重点和方向没有达成共识,"问题"就会变得复杂且难以确立,从而失去工作焦点。问题是行动的前提,因此,需要把痛点或问题转化为具体的、确定的、统一的问题。

问题生成技巧分为五个步骤:

第一步,表述痛点。

这是从痛点主题到问题的过程,一个问题就是一个困难,而理解问题就在于发现痛点和痛点来源,从问题提出者的角度讲,问题来源于对困难的意识,即主体对"谜状态"之存在的感知。换句话说,困难的存在是问题产生的必要条件,而对"谜状态"的意识则是问题生成的一般起点。一般用陈述句表述一个具有明确语句逻辑的问题,例如,选购咖啡时无法了解口味从而产生选择困难。

第二步,问题涌现。

如果说问题等于目标状态与当前状态的差,那么这个差距中的所有内容作为待探索的问题,都是"困难"的内在蕴涵。创业团队围绕痛点提问,可以让讨论组成员各自书写记录在便利贴上,最后汇总记录到表格中去。

第三步,问题进化。

对表格中记录的问题进行相应的优化和改善。形式上可以采取在封闭式问题和开放式问题之间互换;或者通过问题粒度考虑是否某些问题已被另一些问题涵盖,从而在问题中产生选择和分岔。

第四步,问题评选。

对进化后的问题做进一步讨论,也就是做思维收敛,这时的评选依据可结合市场需求性、技术可行性、商业延续性(即 DFV)三个维度充分考虑,符合条件的保留,不符合的在接下来的讨论中暂时放弃。

第五步,凝练主题。

凝练主题可以让创业团队决定下一步工作的重点问题和行动,在第四步完成后,如果我们勾选出了多个值得保留的问题,接下来还需要进一步从中遴选出此次项目的基本主题。可以采用头脑风暴法，借助关键词来优化基本主题，使其更能让人产生共鸣，从而充分激发创业团队的灵感和创意。例如，"如何设计方便快速购买咖啡的流程"中，可以联想到的关键词有：方便、快捷、合理、无须等待、扫码、随时随地、手机、计算机、碎片化、快节奏、惬意、优雅等。

我们对主题的凝练，可以用这样的句式来表达：如何让【用户的需求】以【设计改造后的场景】达到或让【用户和项目参与者看到主题后产生兴奋的感觉】。作为本次实践项目的主题，最后在表格下方写出具体完整的表述。

表 4.3 是采用问题生成技巧围绕"用户对我们的'东山故事'文化保育项目不感兴趣"的主题方向所展开的讨论案例。

表 4.3 　　　　　　　　　　　　　问题生成技巧

表述痛点	问题涌现	问题进化	问题评选
用户对我们的"东山故事"文化保育项目不感兴趣	线上宣传方式有误	如何提升项目的线上宣传效果？	√
	内容不够丰富	如何丰富项目服务内容？	×
	合作机构太少	如何增加拓展合作机构？	×
	内涵不够	如何提升项目的品位内涵？	×
	服务导赏员素质不专业	如何提升导赏员专业素质、服务能力？	√
	服务内容不清晰	如何规范服务内容？	×
	受众群体不明确或者受限制	如何找到项目的受众群体？	×
	团队凝聚力不强	如何提升团队凝聚力？	×

凝练主题：如何让"东山故事"以一种雅俗共赏的方式让大家熟知并接受。

第三节　探索问题所涉主角范围的利益相关者地图

在明确项目的实践主题后，我们需要尽快找到与之相关的"人"，也就是与我们主题相关的用户。利益相关者地图工具是概念模型阶段，帮助我们探索上一环节实践主题所涉及用户对象的重要工具。

可以将利益相关者进行大类的划分，分为关键利益相关者和次要利益相关者，这样就比较简单地完成分类，也可以更细地分出权威利益相关者、蛰伏利益相关者、危险利益相关者、从属利益相关者等等。同时结合 2×2 矩阵，针对自己项目所关注的利益相关者属性，例如，当关注到利益相关者对于本产品的兴趣度和所产生的影响力时，给出如图 4.1 所示的利益相关者地图工具。这样有助于对利益相关者在不同象限给出更细的权重。

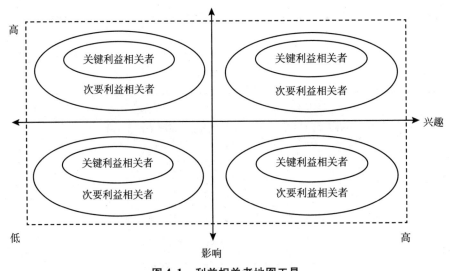

图 4.1　利益相关者地图工具

第四节　归类研究对象的五类主角简表

为了尽快地找到符合我们调研的对象，我们将用户进行分类，一般可以找到与之相关的六种不同类型的研究对象，分别是：

（1）发烧友，即对该类产品或服务具有高关注度，注重细节，但不忠诚于特定品牌的用户，其属于非特定用户。

（2）重度用户，即长期、频繁使用该类产品或服务的用户，也属于非特定用户。

（3）新手，即刚开始接触该类产品或需要时才使用该产品。

（4）忠诚用户，即极度热爱特定品牌的该类产品或服务的使用者，对品牌展现出高忠诚度的人群。

（5）极端用户，即某些特殊群体，例如，孕妇、老人、残障人士等，他们的自身特性也许与该类产品或服务的定位不符，但对该类产品或服务有针对性地做出调整后也可能会服务该类人群。

（6）困难用户，即不愿意使用特定品牌的该类产品或服务的群体。

一般来说重点关注前五类用户。通过深度访谈挖掘来自多个角度的信息，将五类研究对象的特征进行整理归纳，填入所选择的目标研究对象。例如，针对"如何打造线上宣传的新媒体矩阵以提升某线上二手交易平台的宣传效果"这一项目主题，我们可以将候选研究对象填入五类主角简表中得到表4.4。

表4.4　　　　　　　　　　　五类主角简表及应用示例

对象类别	特征	是否使用过相关产品	是否使用过特定品牌	候选研究对象
发烧友	高度关注，注重细节	√	△	专业的二手物品交易商家、从事新媒体行业的专业媒体人
重度用户	长期、频繁使用	√	△	经常在线上买卖二手物品的人
新手	初期	√	√	刚开始接触线上二手平台交易的人
忠诚用户	忠诚品牌	√	√	多次使用该平台交易二手物品的人
极端用户	自身特性	△	△	不喜欢通过网络购买东西的人

　　注：√表示"是"，×表示"否"，△表示"不确定"。

第五节　访谈对象计划

了解用户对象就像探寻我们在森林里的宝藏所在地的线索，知道我们的宝藏在哪里，我们才能更好地规划路线，准备工具，最终找到宝藏。但是仅凭肉眼观察所能获取的信息是极其有限的，其有效性也值得商榷，因此，有必要对观察的内容进行进一步的验证，我们主张采用社会学上常用的访谈法来深挖用户需求，如今深度访谈法已经成为大部分国内外企业产品研发过程中的重要工具，通过制定访谈计划，开展用户访谈，可以帮助我们更好地了解用户需求和体验。

访谈对象计划的设计包括记录访谈对象类型、特征、接触方式、样本量等信息。"访谈对象类型"是从五类主角简表和利益相关者地图中选取相应的被采访个体。"特征"用于描述不同个体的独特背景，基于可以量化的指标或某些成果进行描述，例如，"每周末都来喝咖啡""已在此领域开展自媒体创作"等。"接触方式"包括线下和线上类型等。"样本量"即访谈数量，这需要综合考虑统计学的要求和成本收益。例如，在"如何打造线上宣传的新媒体矩阵以提升某非遗文化项目宣传效果"的案例中，我们制定访谈计划如表4.5所示。

表4.5　　　　　　　　　访谈对象计划表及其应用示例

访谈对象类型	特征	接触方式	样本量（个）
非遗传承人	发烧友，经过国家认证、从事非遗传承活动不少于1年	线下	5
中华传统文化研究专业学者	重度用户，大学教授、从事中华传统文化研究不少于5年	线下	5
媒体工作者	忠诚用户，从事媒体或宣传工作不少于3年	线上	6
大学生	发烧友，年龄18~23岁的在校大学生	线上	10

第六节　用户访谈大纲

当我们明确访谈对象，制定好访谈计划之后，下一步需要做的就是要开始进行深度访谈。以此来发现问题背后的需求。根据多维度及同一粒度观察问题的原则，结合设计成果的评价标准和体验时间阶段这两个维度开展访谈大纲问题的设计。

法思诺创新学院（Fasinno Innovation Academy）在 2017 年提出了"设计成果评价标准模型"，该模型指出好的设计应当能给受众带来好的体验，并协助客户实现四个方面的需求，即达成任务、去除痛点、去除疑虑、获得附加值。

（1）达成任务。也就是要实现基本功能。这里的任务可分为两种：一种是功能性任务，即该项设计可实现的基本功能；另一种是社交性任务，即该项设计与客户社交行为相关诉求的契合度。例如，一款普通手提袋肯定能胜任基本装载物品的功能性任务，但一款名牌限量版手提袋在装载物品的基础功能上，能够彰显手提袋主人的经济实力且有助其融入相应的社交圈，并开展社交活动。

（2）去除痛点。所谓"痛点"，指的是用户想要解决某个问题的需求点，包括用户不想要的功能或状态，以及在使用产品或体验服务的过程中可能产生的障碍，一个好的创新设计应该想办法把这些"痛点"去除掉。举个例子，一款加湿器如果因噪声太大而影响睡眠，那绝对是用户不想要的；同时如果加湿器的操作过程十分麻烦，需要客户花费一定时间去研究如何组装、如何加水等，这种学习成本便构成了用户体验过程中的障碍。

（3）消除疑虑。这里的疑虑和用户"痛点"有一定的区别，我们可以理解为用户在使用产品或体验服务的过程中所感到的顾虑，对于这部分顾虑我们也有必要考虑相应的应对措施。疑虑可分为已获验证的和未获验证的两种类别。已获验证，即用户存疑的问题已经过科学证明或权威机构认证，明确不会因为某事物而对客户造成损害。未获验证，就是我们常说的"小道消息"，它们虽然不会对运营产生太大影响，但仍会给用户留下不良印象。例如，我们外出就餐的时候，在使用筷子时，对已清洗并包装好的筷子是否有消毒液残留心存疑虑，因此许多人在使用前仍然会用开水烫洗一下，这是未获验证的疑虑类别。

（4）获得附加值。所谓附加值，即产品除基本功能以外，其他可以带给用户惊喜的内容。主要体现为三个层次，分别是：有用、有趣、有情。例如，"微信"是一款跨平台的通信工具，除了支持单人、多人参与，以及通过手机网络发送语音、图片、视频和文字这些功能外，还带给用户惊喜附加值，例如，朋友圈展示推广自己或关注朋友、发现朋友的朋友亦为自己的朋友、来自朋友们在朋友圈中发布的温馨评论等。

体验的过程主要关注用户使用产品的前、中、后不同的体验过程，将体验过程和设计成果评价标准模型整合成二维表来设计访谈问题提纲以体现访谈的全面性。

在制定表格时，需要注意：对于每一个问题，我们都要进行延伸处理，本着"打破砂锅问到底"的工作方法，不要"蜻蜓点水""就事论事"，而是要锲而不舍地追问、挖掘出问题的本源，真正挖掘到用户真实需求。例如，我们以表4.5中所列"非遗传承人"为例开展深度访谈，设计访谈题目如表4.6所示。

表 4.6 　　　　　　　　**基于体验过程的深度访谈提纲设计及应用示例**

访谈对象：非遗传承人

提问方向		体验过程		
		使用前	使用中	使用后
达成任务	功能性的	您最近一次接触非遗文化传播宣传推广的项目或平台有哪些？	您对这些项目平台的内容、传播宣传效果评价如何？	这些平台哪些地方最让您满意？有直接使用过这些平台吗？
	社交性的	您会推荐给同行或朋友使用或跟这些项目合作吗？	在这个过程中您和您的朋友感到愉悦吗？	您会不会转发这些平台？
去除痛点	不想要的	您在最近一次使用非遗平台时，让您感觉最不满意的地方有哪些？	您不满意的原因有哪些？	您接触或使用后对这些平台的差评有哪些？
	障碍	您愿意花时间精力与这些平台交流和合作吗？	是什么原因导致您不愿意使用这些平台或不愿意与之合作？	有什么因素阻碍后续体验的实践？
去除疑虑	已获验证类别	您与这些项目或平台接触过程中有产生过疑虑吗？	请您说明这些疑虑是什么？	您对这些存疑的问题有好的改进建议吗？或者有没有更好的方法方式？
	未获验证类别	您在接触前还有哪些个人感受方面的其他隐隐担忧？	在接触或使用过程中打消了这些隐隐的担忧吗？	在使用后打消了这些隐隐的担忧吗？
获得附加值	无预期的	如果让您做一个宣传非遗文化的新媒体项目，您会怎么做？	您为什么要这么做？	您对这类项目或平台还有哪些意见或建议？

　　值得注意的是，这个深度访谈表只是帮助我们提问的框架和大纲，在实际的访谈过程中，也需要结合访谈对象的反应，运用追问的方式来具体化问题，并且要激发用户访谈交流热情，可以让用户或访谈对象尽可能地还原当时的体验情况，甚至运用表演的方式，以帮助我们获得访谈对象对于产品或服务的核心认知。

第七节　访谈逐字稿

开始访谈前，我们需要组建一个访谈小组，建议由 2～3 人组成，包括主访者、记录者或摄影者。主访者是"提问者"角色，负责依据大纲进行提问，提问时要注意技巧，过程中要随机应变，想办法挖掘尽可能多的有效信息。记录者需要记录访谈内容，另外还要承担"把控者"的角色，若有遗漏的内容，要及时提醒主访者进行补充。摄影者可以利用手机、相机等设备记录访谈内容和情景，也可以使用固定机位，记录者和摄影者可以为一人，见图4.2。

图 4.2　模拟实地访谈

在访谈过程中，访谈人员需要有敏锐的洞察力，注意捕捉一些细微的不易觉察的小动作或微表情等，其中往往透露着受访者不愿说、不懂说、不记得说的重要信息，这些有利于帮助我们做进一步的分析。

在完成访谈后，要形成逐字稿。逐字稿需记录访谈对象、受访者特征标签、时间、地点、采访者、记录者、摄影者等信息，以便后期归档分析。

制作逐字稿时，可结合现场录音和视频，以确保不遗漏关键信息。逐字稿是对访谈过程的文字版复刻，它能帮助我们全面复盘访谈过程，便于后期的梳理和归纳工作。制作逐字稿时，我们也推荐使用语音智能或 AI 辅助工具，例如，一些语音转文字 App，可以快速帮助我们将录音转为文字，提高整理效率。

第八节　展开需求分析的用户体验表

分析逐字稿内容后，把受访者所回答问题中的重要信息记录在用户体验表（见表4.7），这个表的主体与表4.6一致，表4.6的每个空格是提问，而表4.7是与表4.6每个空格一一对应的受访者对问题所回答信息的关键词句提炼，展示了访谈中的重要部分以及受访者的主要观点和看法，属于思维收敛环节。对于每一位受访者，都要单独出具一份用户体验表。同时，标注出访谈时间、地点，以及访谈对象的称呼、职业、类型等内容。下面是"如何打造线上宣传的新媒体矩阵以提升某非遗文化项目宣传效果"项目中采访王教授的用户体验访谈文稿分析，见表4.7。

表4.7　　　　　　　　　　**用户体验表及其应用示例**

访谈对象：王××
职业：大学教授
访谈时间：2023 年 11 月 5 日
访谈地点：学院教授办公室
访谈对象类型：重度用户（主要研究方向为中华文化的国际传播）

提问方向		体验过程		
		使用前	使用中	使用后
达成任务	功能性的	经常浏览 A 公众号的推送，他们的文章写得不错；还有经常会看一些哔哩哔哩（bilibili）网站高流量上传者的视频，质量都比较高的	公众号关注的太多，有时候推送会冲没了，比较难找到；网站的启动有些卡，网络不稳定，用手机观看的效果不是很好	要考虑到更多用户的观看需求，要方便用户的角度去设计，不要让好的内容被淹没了，优化观看体验
	社交性的	会在朋友圈看到有些同事也在关注这些账号	阅读或观看过程中有分享的冲动	会分享到朋友圈，或者推荐到交流群中给同事或朋友

续表

提问方向		体验过程		
		使用前	使用中	使用后
去除痛点	不想要的	部分平台的内容存有硬伤，诸多错误表述	来不及一一去指正，求证验证反馈需要大量精力	部分平台的内容存有硬伤，虽有普及性但专业度、学术性不够，需要好好把关
	障碍	对于年长的老年人使用该项目的部分功能会不会存在操作困难	社会部分特殊用户，例如，听障人士、视障用户、幼儿等，可能无法使用项目功能	项目推广方式和渠道过于单一，没有将线下丰富的载体与活动结合一起推广，要杜绝单一的线上内容建设
去除疑虑	已获验证类别	各个平台开发挺多的，但是没有形成合力，没有出现一个"头部"领域有巨大影响力的品牌	目前多平台的开发参差不齐	愿意与相关的机构组织合作，搭建传播矩阵，让更多好的内容送到更多年轻人面前
	未获验证类别	可能出现多数用户对项目内容不感兴趣，内容为王的前提下，既要做到严谨专业，又要活泼有趣易于传播是比较困难的	随着项目的发展，用户量骤增，平台可能出现"蒸发式降温"，用户社群高质量用户与内容数量下降	可能出现不良文化意识形态的隐蔽性渗透，影响用户特别是年轻人的思想
获得附加值	无预期的	很多平台有推荐功能，可以根据你的浏览习惯推荐相关内容	希望多出一些爆款，把非遗的旗子立起来	希望有更多新技术结合其中，例如，虚拟现实（VR）设备或动画结合来推广非遗内容

第九节　进行换位思考的同理心地图

同理心是人类交往中重要的心理技能。同理心，又称为共情、移情，是指换位思考、设身处地地了解对方的真情实感。也就是说，要从对方的角度进行思考，了解对方的想法与思维方式。同理心是人文精神的基本组成部分，是一种独特的人格品质。

　　情感的共鸣是人类交流的基础，而每一个生命都是独特的个体，都是感情充沛的个体。与用户之间的交流，不仅仅是语言上的交流，更是一种思想情感上的交流。因此，采访团队需要充分理解用户的感受、换位思考，与受众建立起有效的沟通桥梁，产生感情上的共鸣。做到"想人所想"，与受访者产生共情，才能理解他们的思想情感、生活阅历，深度挖掘他们的内心，达到产生同理心的初衷。

　　在此基础上，Xplane 公司的创始人、著名视觉思考家戴夫·格雷（Dave Gray）开发了同理心地图，如图 4.3 所示。它使得我们整理完用户体验信息后，继续从想法和感受、听见、看见、说和做等视角，更加深入地理解用户，也就是"探寻冰山在水下的部分"，洞察用户真正的需求。

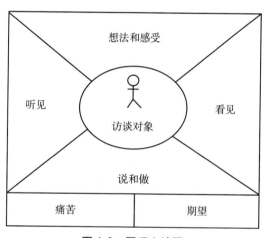

图 4.3　同理心地图

如何填写象限中的内容呢？

（1）看见。关注访谈对象眼中的市场、环境、场景描述。例如，我很喜欢这个 App 的页面设计，给人一种很高大上的感觉。

（2）说和做。倾听访谈对象所说的话并观察他所做的事情，对方的行为可以让我们真正了解对方在交易中有什么习惯，或者对当前事件有什么态度。例如，用餐后，用户很喜欢餐厅贴心赠送的口香糖，可以帮助清新口气。又如，用户喜欢性价比高的东西，喜欢货比三家比较价格。但有时，用户的行为可能与他们所说的相矛盾。例如，看似积极的行为和消极的引语或情绪可能来自同一用户，好比一位小姐姐说：这家衣服真是太贵了！但是依然喜欢并经常买他们家的衣服。这些现象反映了人类心理的复杂性，并且具有令人难以置信的发现价值。

（3）听见。记录访谈者从朋友或某些有影响的人那里听到的内容。例如，我听我朋友说这个品牌经常搞特价，买正价的话就吃亏了。

（4）想法和感受。这里是指用户的情绪状态，通常表示为形容词加上上下文的短句。说和想的内容可能有些相同，但是，要特别注意用户的想法，但可能用户不愿意表达出来。试着了解他们为什么不愿意分享——他们是不确定、难为情、礼貌还是害怕？通过访谈对象的主观表达加上团队的客观推论，挖掘出用户最关注的，且真正重视的事情，从中窥探出他们的忧虑与渴望：用户在担心什么？关注什么？忧虑什么？渴望什么？对什么感到兴奋？体验的感受如何？例如，我觉得这个 App 的启动让我感到不耐烦，因为它加载太慢了。

（5）痛苦。包含访谈对象的惧怕和阻碍，例如，为了获得更多的优惠，我要拉好朋友为我点赞，这太花时间、太复杂了！

（6）期望。访谈对象的目标或愿望，例如，我希望 App 每一次更新都能给我带来更方便的体验。

听见、看见、说和做区域都是观察到的，明确的；想法和感受、痛苦、期望都是推断的，含糊的。

图 4.4 显示的是关于 "A 同学前往学校一站式服务大厅办理缴费业务" 的同理心地图。

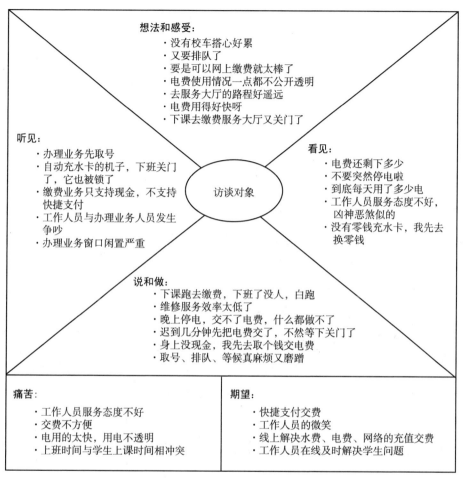

想法和感受:
· 没有校车搭心好累
· 又要排队了
· 要是可以网上缴费就太棒了
· 电费使用情况一点都不公开透明
· 去服务大厅的路程好遥远
· 电费用得好快呀
· 下课去缴费服务大厅又关门了

听见:
· 办理业务先取号
· 自动充水卡的机子,下班关门了,它也被锁了
· 缴费业务只支持现金,不支持快捷支付
· 工作人员与办理业务人员发生争吵
· 办理业务窗口闲置严重

访谈对象

看见:
· 电费还剩下多少
· 不要突然停电啦
· 到底每天用了多少电
· 工作人员服务态度不好,凶神恶煞似的
· 没有零钱充水卡,我先去换零钱

说和做:
· 下课跑去缴费,下班了没人,白跑
· 维修服务效率太低了
· 晚上停电,交不了电费,什么都做不了
· 迟到几分钟先把电费交了,不然等下关门了
· 身上没现金,我先去取个钱交电费
· 取号、排队、等候真麻烦又磨蹭

痛苦:
· 工作人员服务态度不好
· 交费不方便
· 电用的太快,用电不透明
· 上班时间与学生上课时间相冲突

期望:
· 快捷支付交费
· 工作人员的微笑
· 线上解决水费、电费、网络的充值交费
· 工作人员在线及时解决学生问题

图 4.4　同理心地图应用示例

第十节　表达真实需求的设计观点

设计观点（point of view，PoV）帮助我们洞察用户真实需求。洞察是将需要转变为需求的过程,这是一个挖掘的过程。PoV 的主要作用在于收集、结构化和衡量所有的洞察,以便发现相关的要点。具体如表 4.8 所示。

表4.8 设计观点（PoV）表及其应用示例

用户	需要	洞察需求
某类人：能清楚定义的某一类别的人（原有用户或创新产品用户）	非解决方案：用动词表述人试着做什么	内心深处状态："你懂我"。剖析深层次需求，需要观察加诠释
忙碌的家庭主妇陈妈妈	想要及时处理手机里的信息	与朋友时刻保持交流，以维持友谊

"用户"指的是能清楚定义的某一类别的人，可以是原有用户，也可以是创新产品用户，在这里我们要运用足够多的形容词来准确描述使用者的特点。"需要"就是用动词表述的人试着想要做什么，但并非解决方案。"洞察需求"是使用者内心深处的状态，是通过深入观察和诠释后，剖析得出的使用者本质的、深层次的需求。

最后，通过综合分析要找到重要的用户需求和模式，包括那些目前还没被发现的。综合分析的结果是一句凝练的句子。这决定了在创意构思阶段要输入的问题。建议用一个较容易记的句子来制定 PoV 句子，例如，我们可以如何帮助【用户】达成【需要】是因为【洞察的需求】。

表4.15 的 PoV 句子即为：我们可以如何帮助【忙碌的家庭主妇陈妈妈】达成【想要及时处理手机里的信息】是因为【与朋友时刻保持交流，以维持友谊】。

第十一节　重构问题的创新机会点

创新机会点（how might we，HMW）是一种重构问题的工具，一般以"我们该怎样……"为固定句式，帮助我们以积极的态度去提出问题。"我们该怎样"是一系列的短句问题，人们可以在此基础上进行头脑风暴。陈述创新机会点，如表4.9 所示。

表 4.9 　　　　　　　　　　　　　　陈述创新机会点

序号	创新机会点
1	我们该怎样……
2	我们该怎样……
……	……

　　"我们该怎样"的问题是想法生成的萌芽，它取材于主观陈述，设计原则或见解。想出一个种子创意，可覆盖尽可能多的解决方案，同时能够促使小组思考出独特的创意。举例说明，我们该怎样设计出一个蛋卷筒，防止冰激凌的滴落？这个问题就过于狭窄。相反地，我们该怎样设计出一款适合盛装的甜点，这个问题又过于宽泛。我们应在两者之间找到平衡点，即我们该怎样设计出一款更易于外带享用的冰激凌。值得注意的是，种子创意的范围应依据项目的不同以及人们在该项目中取得的进展而进行调整改变。

　　具体而言，我们要根据前面设计观点工具得出的用户洞察，例如，我们洞见大学生小美"希望满足具有性价比的要求下同时能够提升文化素养并且能够和朋友去拍照打卡的体验"这一需求作为前提，以"我们该怎样……"的问题以及解决方案进行头脑风暴，从而针对不同的需求提出不同的创新机会点。例如，针对大学生小美的创新机会点可以是"我们该怎样才能打造一条兼具学术性和大众性的导赏路线？以满足大学生小美在追求性价比前提下同时提升文化素养并且能够乐意邀请朋友去拍照打卡。"

　　需要注意的是，机会创新点的表述是一个思维发散的过程，遵循思维发散的基本要求，可以根据前面深度访谈以及需求洞察的结果，通过团队头脑风暴提供尽可能多的创新机会点。

第十二节 开展思维发散的书面头脑风暴法

书面头脑风暴法是常用的一种思维发散创新工具。当一个团队打算为新产品产生创意或试图解决一个问题的时候，你会经常听见那个嘹亮的号角，"让我们头脑风暴吧！"你召集一群人来，阐明头脑风暴的基本规则：不许批评，欢迎疯狂的想法，结合想法产生新的创意，接着让人们热火朝天地说出自己的想法。书面头脑风暴法是对"面对面头脑风暴"的一种补充升级版本，并且它往往会在更短的时间产生比传统的头脑风暴更多的想法，我们用表 4.10 所示的书面头脑风暴表来记录每个人各自的解决办法。

表 4.10 　　　　　　　　　**书面头脑风暴法**

讨论主题：我们该怎样才能……以满足（以便）……（每个人填写各自的解决办法）

序号	解决办法	序号	解决办法
1		9	
2		10	
3		11	
4		12	
5		13	
6		14	
7		15	
8		16	

我们如何通过书面头脑风暴法构思项目创意呢？步骤如下：

（1）参与者每人选取一张白纸，画出小格子若干。也可以用一张 A4 纸，经过几次对折，形成格子块。

（2）创意团队围成一个圆圈闭环，在规定时间内，每个人将自己的 1~3 个创意想法写在表格中，写完后依次往右传。

（3）收到左边传来的纸张，在上面继续写下 1~3 个想法，完成后继续往右传。想法可以是全新的，也可以是对他人想法的补充或完善。

（4）视参与人数和时间重复上述步骤，直至填满整个表格或产生足够多的想法。

（5）个人思考部分结束后，团队进行讨论，将重复的想法合并同类项，将团队的创意想法汇总为创新设想表。

要注意的是，在思维发散的头脑风暴过程中务必不要互相交流，专注于自己的想法迅速推进产生更多数量的点子。

表 4.11 以前文"东山故事"项目中的一条机会创新点"我们怎样才能打造一条兼具学术性和大众性的导赏路线？以满足大学生小美在追求性价比的前提下，同时提升文化素养并且能够乐意邀请朋友去拍照打卡"为例，看一下该项目小组经过书面头脑风暴后汇总的创新设想。

表 4.11   书面头脑风暴创新设想汇总表及其应用示例——
小组创新设想汇总（得票前二十位）

序号	内容
1	我们该怎样通过年轻人都喜欢用的小红书 App，以便宣传项目
2	我们该怎样利用小册子，以便发放纸质广告
3	我们该怎样在地标建筑打广告，以便推广
4	我们该怎样通过制作项目宣传的歌曲，例如，说唱（RAP）音乐，以便扩大影响力
5	我们该怎样通过开发微信端口小游戏，以便推广
6	我们该怎样通过进行线上抽奖和集盖章送礼品活动，以便推广
7	我们该怎样通过促销活动，以便引流
8	我们该怎样提升游览导赏员的文化素养、专业性、讲解能力，以便吸引听众

序号	内容
9	我们该怎样通过制作虚拟现实（VR）交互沉浸式体验网页，以便吸引观众
10	我们该怎样搞荧光夜跑活动，以便吸引大家关注
11	我们该怎样通过线下扮装者（cosplay）活动，以便扩大知名度
12	我们该怎样进行联名联动，例如，跟游戏、化妆品等搞活动，以便扩大知名度
13	我们该怎样通过设置游览打卡点，以便大家发布"朋友圈"扩大影响力
14	我们该怎样利用团队标识视觉识别系统（VI），以便凸显专业性
15	我们该怎样利用发动短视频平台用户发布小视频，以便分享
16	我们该怎样进行科普文化文章的撰写推广，以便扩大知名度
17	我们该怎样通过进行"快闪"行为活动，以便更多人通过实践来关注项目
18	我们该怎样通过设置非玩家（NPC）角色，在游园时可以偶遇拍照的活动，以便提升项目出镜率
19	我们该怎样通过与品牌咖啡馆联合打造咖啡产品，以便项目扩大影响范围
20	我们该怎样邀请当地居民参与活动设计，以便项目进社区

第十三节　进行思维收敛的 2×2 矩阵

进行创意发散后，我们得到了一大堆未经整理和检验的创新设想，那么需要进一步收敛，获得真正可行的创意设想。2×2 矩阵是一种将想法分类的直观方法。它可以通过使用任何类型的有意义的轴属性产生定制化矩阵，有了轴的无限可能性就可以绘制出最多样的矩阵实例，包括从基本的技术决策到面向解决方案的业务模型，再到概念上的考虑。通过使轴遵循 SMART 原则，即特定的、可衡量的、可实现的、切实的且具时效性。例如，成本收益型矩阵，横轴为问题或努力；纵轴为价值或影响，选取价值和努力两个指标构建"价值-努力"矩阵（见图 4.5）。

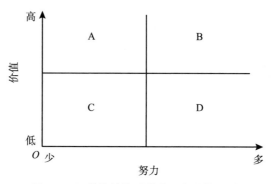

图4.5 思维收敛的"价值－努力"矩阵

"价值－努力"矩阵共分为四个象限。其横轴代表着实现方案所要付出的努力程度，纵轴则是实现该方案所能产生的价值。A象限记录付出努力较少却有较高回报的方案，B象限记录需要付出更多努力才能获得较高回报的方案，A象限、B象限的方案都能获得较高回报，因此是决策时主要考虑的方案。记录在价值低的C象限和D象限的方案不考虑。该矩阵从价值这一要义，结合付出努力这一成本因素，进行了方案的筛选。

当我们将目光聚焦到最终创意应具有相应的功能时，从功能应用的主次，同时考虑创意与当下市场上的产品同质性高低，改造2×2矩阵，获得开展思维收敛的"功能性－相似性"矩阵（见图4.6）。

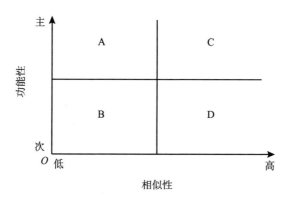

图4.6 思维收敛的"功能性－相似性"矩阵

在"功能性 – 相似性"矩阵中，以创新所体现的异质性为首要标准，记录在 A 象限、B 象限中的方案与竞品的相似性低，因此为可选择的，而 C 象限和 D 象限所记录的方案由于与市面上产品同质性强而不加以考虑。

"功能性 – 相似性"矩阵在产品设计中大有作为，可以帮助我们从产品的功能性和相似性两个维度，对产品设计所提出的新构想进行收敛，能以市场视角进一步检验方案的可行性。

接下来我们需要记录下在"价值 – 努力"矩阵和"功能性 – 相似性"矩阵的 A 象限、B 象限中都存在的创新设想序号，开展需求性、可行性、延续性的 DFV 检验。评判每一条创新设想是否满足 DFV 原则，经过 DFV 原则检验后，三项都满足的创新设想为收敛后最终确定的项目创新设想。

第十四节　MVP 原型

原型就是人们在解决问题时，对于新假设，以一种最方便快捷的方式呈现出来，达到验证假设的目的。原型并非最终成品，它只需要满足使用者的体验需求、展现创意点的关键特征即可。选择合适的 MVP 原型展示类别，如选择平面类型，可以将设计好的图像原型画出来，或者用照片、截图等形式记录，也可以用视频的方式去呈现。

为了更好地帮助团队理解创业决策以及创业中 MVP 原型的重要性，我们设计了"意面棉花糖高塔挑战赛"的团辅游戏，场景如图 4.7 所示。

1. 游戏规则

（1）每个团队给予 20 根意面、1 卷胶带、1 颗棉花糖，用来搭建"意面棉花糖高塔"。游戏开始后，如果意面断掉则不能再补充。

（2）棉花糖需要出现在塔顶。

（3）不可改变棉花糖的形状或大小。

图4.7 意面棉花糖高塔挑战赛

（4）保持稳定5秒钟不倒，看谁做得又快又高。

（5）限时15～30分钟，完成后击掌。

2. 游戏完成后思考的问题

（1）你们成功了吗？为什么成功？又为什么失败？

（2）有团队曾尝试绘制草图或搭建模型吗？

（3）在有限的时间里，怎样做到高又快？

（4）棉花糖在创业中意味着什么？

3. 复盘与解析

（1）棉花糖寓意着创业风险，就像我们在项目中按照规划向前推进，结果快到终点时突然出现了一个不可控因素，这个因素所占分量太重，而且时间、资源都基本耗尽，失去了转换的空间，我们的项目就很可能被这颗"棉花糖"压垮。

（2）先做一个带棉花糖的简单原型，再逐步优化迭代。这是一个很简单的道理，但很多人都不这样想，而是首先定义一个最高的塔，等最后被"棉花糖"压垮时才醒悟"完成比完美更重要"。

（3）先做完，再做好。我们在有了一个基本的想法后，就要快速地将它实现出来，建立一个目标的最初版本，然后拿出来给大家看，给用户试用，根据得到的反馈不断补充和修改，反复完善，直至得到"完美的方案"。

第三部分

躬 行 实 践

第一节 案例背景说明

新冠疫情后经济复苏，餐饮与流媒体行业尤为显著。商务部等 11 部门办公厅联合印发《关于抓好促进餐饮业恢复发展扶持政策贯彻落实工作的通知》，从多方助力落实工作。文化和旅游部等六部门《关于推动文化产业赋能乡村振兴的意见》推进打造地方特色文娱生态，促进美食特色等产业发展。本书的创业决策案例选取一个传统美食与美食旅游结合发展的自媒体创业项目，名为"食趣味"。

第二节 规划业务范围
——用户体验分析

在这个环节围绕业务场景、业务目标、消费者、利益相关者、环境等展开，由此搭建起对所关注业务领域的初步全面了解。通过用户体验分析拆解描绘一幅业务全景图，这对于进一步精准地剖析真实需求有巨大帮助，设计者不会被众多千丝万缕、相互瓜葛的需求扰乱思维。当这一层次完成后，业务需求的框架就显现出来了。

本场景将用户融入"美食＋旅游"的体验环节中，用户体验图的情景故事如下：用户在各大自媒体平台中进行选择并确认其中之一，搜索相关经验获取信息，选择了其中一条食旅路线，选择出行工具开始食旅活动，抵达路线规划中的餐厅，可能需要排队等待，这时查看菜单点单，并等待上餐，就餐后对菜品实物与经验分享中评分的匹配度进行评判，最后离开。具体分析流程如图5.1所示。

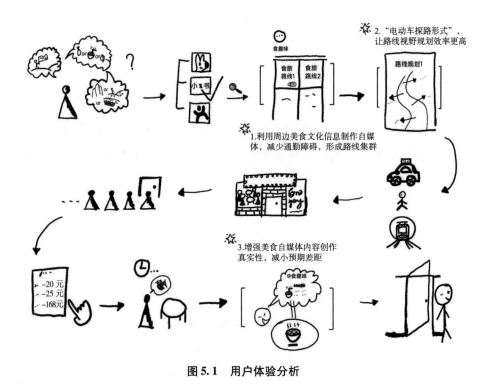

图5.1 用户体验分析

针对图5.1中的3个情景环节，给出食趣味用户体验地图分析，初步探索可能存在的体验痛点并进一步思考可能的潜在创新机会点，得到食趣味用户体验地图分析如表5.1所示。

表 5.1 食趣味用户体验地图分析

项目	体验阶段			
	1	2	3	……
发生行为	查找美食线路与美食文化整合信息	探索附近小巷美食	客户到附近店体验	……
感受痛点	没有系统的资讯了解关于路线集群上周边美食线路与美食文化整合的信息,由此形成通勤障碍	无"最后一公里"小巷美食引导	对美食的体验存在预期差	……

第六章

概念模型

第一节　问 题 获 得

通过表6.1"'食趣味'问题探索"开启对创新创业项目所涉及问题的描述。第一步，开放式列举问题；第二步，从可操作性方面优化问题。

表6.1　　　　　　　　　　　　　　"食趣味"问题探索

表述痛点	问题涌现	序号	问题进化	问题评选
无法方便获取整合的美食、旅游攻略	各个自媒体平台的特性不同	1	各个自媒体平台特性不同，如何进行针对性的运营？	√
	展现地域不同所带来的口味不同	2	如何呈现不同地域的美食特色让其表现口味的不同？	
	选择困难症	3	如何在视频当中呈现盲盒路线选择的形式？	
	初期不同平台之间该如何选择？是否要有侧重？	4	如何从可行性和时间急迫度的角度去选择平台？	√

表述痛点	问题涌现	序号	问题进化	问题评选
无法方便获取整合的美食、旅游攻略	视频内容的形式该怎么去确定？	5	第一期视频内容该如何以一种创新且能吸引热点的角度呈现？	√
	美食团	6	如何在自媒体内容中加入美食团的玩法？	
	自媒体运营模式纷繁复杂	7	如何基于自媒体矩阵运营？	√
	吸引用户难	8	如何构建合理的私域运营模式，以吸引更多用户及增强用户黏性？	√
	自媒体内容素材选取困难	9	应如何获取自媒体素材？	√
	内容形式上国际化程度低	10	如何拓展自媒体内容中的国际化传播途径？	

团队成员充分列举问题并优化为 10 个问题后，表 6.2 对这 10 个优化的问题利用 DFV 原则开展主题的评选，并将评选结果填入表 6.1。

表 6.2　　　　　　　　　　对问题进行收敛的 DFV 检验

问题序号	市场需求性	技术可行性	商业延续性
1	√	√	√
2	√		√
3	√		
4	√	√	√
5	√	√	√
6		√	
7	√	√	√
8	√	√	√
9	√	√	
10			√

本次实践项目的主题为：如何让"地域特色美食内容"结合"互联网＋传统"模式，以便使旅行者们方便系统地线上获取攻略并线下体验。

"食趣味"是一个专注做好地域特色美食内容的推广平台，在美食文化盛行的今天，如何提供丰富的美食资讯，以"互联网＋传统"模式，挖掘"网红"经济背景下那些被人遗忘的地道味道？脱去"网红"店铺的浮夸包装，为客户提供美食资讯、美食旅游路线攻略、社群团购、强体验感地图等特色服务，并通过各种线上平台宣传中华传统美食、传统手艺、非物质文化遗产。

这部分是问题获得的过程，其中，表 6.1 是问题从列举到优化的思维发散过程，表 6.2 的 DFV 检验完成了对问题进行评选的思维收敛过程。

第二节　在目标用户的问题中洞察需求

"天地与人，谓之三才。""才"是指有能力的事物。天降甘露滋养万物、阳光普照化育四方；地能承载万物，生生不息；而人为万物之灵。所以，天、地、人合称为"三才"。"人"能被列入三才之内，可见古人对人的重视。这也是"天人合一"思想的根源。天地之能在于按照自然规律造福四方，人的能力在于持续的创造。开天辟地以来，人类不断地在创造和发现。因为发现了山火过后的熟食，人类知道了火的功用，后来开始"钻木取火"；发明了指南针，懂得了科学辨别方向；发明了电，让人类进入了电气化时代；发明了互联网，让人类进入了互联互通的世界。可以说，人类被列入"三才"之一是当之无愧的。人类持续创新创造的目的也是反哺人类。

因此具有用户共情的新产品开发团队做项目的出发点必须探索和理解"人"即用户的活动、身份和动机。这类团队经常探索用户使用过程，以确定产品或服务在用户生活体验中扮演的角色，本质上是以人为中心（张楠、王居源，2020），这样的团队将专注于用户体验和相关的观点，而不是仅仅专注于最初激励产品开发的业务目标。用户共情超越了市场导向或客户体验的概念，强调主动和不断地发现潜在的或未明确表达的需求，这可以通过观察用户、与用户交谈及与用户共同创建来实现（Beverland et al.，2016）。用户共情的目标是通过广泛的内、外部利益相关者网络，并使用多位专家作为用户体验的解释者，获得用户的整体观，而不是依赖主要客户（王立夏等，2022）。倾听和观察用户并参与对话有助于理解用户为什么要做他们所做的事情，以及生成的解决方案为什么以及如何在用户的环境中工作。用户共情触发并塑造了最初"给定"问题的重构，并保持它的流动性，直到新产品开发团队能够明确更富有成效的发展方向（Liedtka，2018）。

一、开启调研实践

由于本项目是"旅游＋美食"主题，围绕旅游、美食两个关键词，设计以下五类研究对象表格分析，以便选取合适的调研对象，开启访谈调研实践。

二、利益相关者类别分析

"食趣味"将表 6.3 中发烧友、重度用户与忠诚用户类型认定为主要利益相关者；新手、极端用户类型认定为次要利益相关者，得到"食趣味"利益相关者地图如图 6.1 所示。

表 6.3　　　　　　　　"食趣味"五类研究对象分析

对象类别	关键词	是否使用过相关产品	是否使用过特定品牌	候选研究对象
发烧友	高度关注注重细节	√	△	1. 大学生旅游频率极高者 2. 刷美食相关视频频率极高者 3. 专业美食类博主 4. 食旅类行业从事者

续表

对象类别	关键词	是否使用过相关产品	是否使用过特定品牌	候选研究对象
重度用户	长期、频繁使用	√	△	1. 热爱且经常尝试美食的用户 2. 经常约饭的大学生 3. 非常喜欢刷美食视频的用户
新手	初期	√	√	1. 对美食自媒体内容感兴趣，会去接触但接触频率没有那么高的用户 2. 刚刚涉及美食旅游领域的用户
忠诚用户	忠诚品牌	√	√	1. 会在特定时间以一定高的频率观看某个美食博主的用户 2. 会去刷某种特定类型的美食类视频
极端用户	自身特性	△	△	1. 观看类型与大众常看风格具有显著不同的美食内容爱好者 2. 品位比较高，对流行内容比较挑剔的用户 3. 自身没有什么旅游的兴趣，所以较少进行美食旅游的用户

注：√表示"是"，×表示"否"，△表示"不确定"。

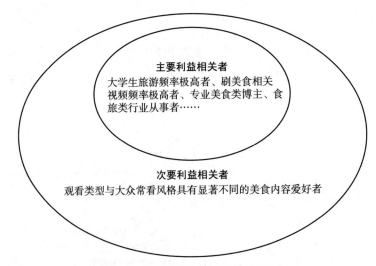

图6.1 "食趣味"利益相关者地图

三、制定基于利益相关者的访谈对象计划

搜索相应的利益相关者，根据其在旅游过程中对美食自媒体的使用频率，选择相应的访谈对象，并制定访谈计划表，如表6.4所示。

表6.4 访谈对象计划表

访谈对象	特征	接触方式	样本量（个）
新手	旅游时偶尔使用线上平台搜寻美食，或者团建外出才搜寻美食，或者突然想要了解某个菜品，或者和朋友讨论起来才会看。偶尔用来打发时间或者下饭，旅游做攻略的时候频率增加，外出吃饭平台优惠时搜寻、为团建做准备	线上	8
忠诚用户	每次搜寻美食或旅游攻略都专注于某确定平台	线上	2
重度用户	经常观看美食视频用来打发时间、下饭、做旅游攻略、为团建做准备、解压，就算平时没有上述的计划也会留心查阅，为下次做准备	线上	3
极端用户	满足窥私欲，喜欢看比较真实且特别的"吃播"记录，想接触更多不一样的生活	线上	1
发烧友	大部分博主是想分享生活和接广告赚钱；小部分博主是为了保持初心继续梦想，提升专业知识	线上	3
发烧友大学生用户	购买美食更注重性价比，旅游美食攻略会随大流；喜欢那种幽默、有特色、与大家亲近度高的博主；喜欢接地气、比较真实的探店视频；不太喜欢过多的广告穿插	线上	17

四、制定访谈提纲

针对使用前、使用中、使用后的体验过程，结合该项目的任务、痛点、疑虑、获得附加值等四个方面制定"食趣味"基于体验过程的深度访谈提

纲，如表6.5所示。

表6.5   **"食趣味"基于体验过程的深度访谈提纲**

提问方向		体验过程		
		使用前	使用中	使用后
完成任务	功能性的	您是出于什么目的去接触美食类内容？在接触美食类内容前，希望能够从中获得什么东西？	在使用当中，什么样的视频内容会让您投入更多的精力和兴趣？在观看过程中您会更看重哪些方面？	观看完之后，相关的内容能否满足您的需求？您对这些创作者有什么更好的建议？
	社交性的	您接触自媒体内容会来自朋友吗？您会跟别人分享这个动机吗？	您在观看当中是否会和其他人一起看？在观看中是否会联想到其他人？	使用之后您会将自己的相关感悟或经验分享给别人吗？（例如，发现了一些还不错的店铺）
去除痛点	不想要的	最近一次看到让您感到不满意的美食自媒体是哪种内容？	观看中这家美食自媒体是内容还是形式等什么方面让您感到不满意？	如果是给差评会在哪些方面？
	障碍	观看前会遇到哪些阻挠您顺利观看的问题？	使用当中遇到什么阻碍您的正常使用吗？（例如，与主播的互动等）	观看后您遇到了什么阻碍？（例如，电商体验方面）
去除疑虑	已获验证类别	您在使用前会因为平台特点不同而有侧重吗？（例如，因为平台某些特点不适就不使用了）	认为平台特点的不同对您使用过程当中造成了什么影响？	您能针对平台特点影响消费者的选择提供一些建议吗？您在某些美食自媒体见过影响选择的好办法吗？
	未获验证类别	您会因为博主的倾向而改变自己的平台偏好吗？	您认为博主的互动模式和什么有关？	哪些方面的内容做好之后，您会比较放心地进行消费？
获得附加值	无预期的	如果让您开一个美食自媒体账号，您会怎么做？	您为什么这么做？	如果给您一个机会，您会对喜欢的博主提什么能让他做得更好的建议？

五、实地访谈技巧及记录

（一）沟通的困难

（1）用户参与度。有时用户可能不愿意参与调研，或者他们可能会提供不准确或不完整的信息。

（2）信息的真实性。有时调查对象可能对我们的研究课题不感兴趣，觉得这没什么好调研的。有时出于社会合意性的考虑，用户可能不愿意说出真实想法，或者提供不准确或不完整的信息。有时他们也可能对我们的身份存有疑虑，不愿意和我们分享真实的看法。

（3）调研可能需要很长时间，并且可能需要一些成本。

（二）换位思考的技巧

了解客户的背景和经历可以帮助我们更好地了解客户的需求和想法。如果事前了解了客户的职业、教育程度、家庭状况、兴趣爱好等信息，那么访谈过程中我们可以更有效地挖掘信息。职业可以反映出客户的工作环境和收入水平，教育程度可以反映出客户的知识水平和对某一类型产品的理解程度，家庭状况可以反映出客户的生活状态和需求，兴趣爱好可以反映出客户的消费偏好等信息。如上所述，有助于访谈者更好地挖掘用户需求。

（三）同理心的沟通策略

同理心访谈通常用于信息以及相关研究较少的探索性研究。在这种情况下，通常没有结构性的访谈提纲，我们可以根据受访者的讲述和对受访者的观察，提出追问，挖掘更多有用信息。值得注意的是，同理心访谈虽然是探索性访谈，但访谈的话题并不是天马行空。不同于日常聊天，同理心访谈需要牢记我们的调研目标。

目的性和非结构性保障了同理心访谈的深度。同理心访谈通常由访谈员和受访人进行一对一的交流，没有第三方在场。这种方法可以减少受访人的心理包袱，并且可以通过有来有回的问答逐步推进对关键问题的理解。同理心访谈的"深度"是这种方法最大的优势。

同理心沟通策略的核心是倾听、理解和回应。通过了解目标客户的需求、感受和动机，来建立信任和关系，从而获得对用户真实需求的理解。

举例说明，假设你打算开发一款健康食品，你想向一位潜在的用户调研其购买、使用健康食品的意愿和习惯。你可以使用以下步骤来运用同理心沟通策略：

1. 倾听

你要通过提问和观察，了解客户的健康状况、饮食习惯、生活方式和购买动机。例如，你可以问："您平时吃什么样的食物？您有没有什么健康上的困扰或目标？您对健康食品有什么看法或期待？"

在这一过程中注意观察：

- 是否有重复出现的关键词？
- 是否有言语与表情或肢体语言不一致的情形？

2. 理解

你要通过反馈和总结，表达对客户的关注和同情，让客户感受到你是真诚地想帮助他们。例如，你可以说："我明白您想要改善您的血压和胆固醇水平，这对您的健康非常重要。我也知道您很忙，没有太多时间去挑选和准备健康的食物。"

在这一过程中还可以使用以下句式获取更丰富的信息：

- 您能展开说说吗？
- 还有吗？

在倾听和理解的过程中，我们要用心地关注对方的语言和肢体表达，给予对方足够的时间和空间来表达自己的观点和感受。

（四）记录调研过程

通过线上或线下对五类利益相关者开展访谈，将其转换为逐字稿。由于篇幅原因，本案例截取"食趣味"项目中对新手"用户 H"采访的逐字稿，使用前、使用中、使用后环节的功能性方面的问答进行呈现，见表 6.6。

表 6.6 **"食趣味"新手"用户 H"访谈逐字稿**

访谈对象：用户 H
职业：学生
访谈时间：20××年××月××日
访谈地点：线上
访谈对象类型：新手

您是出于什么目的去接触美食类内容？您在接触美食类内容前，希望能够从中获得什么东西？（使用前，功能性）

用户 H：因为首先作为广东人。我其实更偏向于这边的一些口味的菜式，其次人在广东这边能吃到正宗的广东菜的概率就比较大，其他地方的话，我可能是没有什么机会能够去吃到，就算是在广东这边吃的话，我可能知道的也不够正宗，所以就是在可实施性上来讲的话，我感觉就是离我比较近的这种美食文化，我更会偏向去看去了解。希望有一天也能够去吃，去品尝到吧！

在使用当中，什么样的视频内容会让您投入更多的精力和兴趣？在观看过程中您会更看重哪些方面？（使用中，功能性）

用户 H：一种是那种，比较轻松幽默型的，我很喜欢那种很有段子的博主，看他们的内容我会很解压，同时也能够增加自己的幽默感，对这类博主的内容我一般会更感兴趣点，相对看的时间可能也会多点。然后，另一种的话，就是那种知识类的，我觉得我可以在这些内容上学到东西，哪怕是了解一下。

观看完之后，您会觉得相关的内容能否满足您的需求？您对这些创作者有什么更好的建议？（使用后，功能性）

用户 H：我觉得，大部分情况下，这些内容是能够满足我的需求的，毕竟我主要是以做个了解和放松为主要目的的。要说建议的话，我希望博主所推荐的内容要能体现性价比吧，然后要有真实性。
………

六、访谈文稿分析

本案例团队对五类利益相者开展访谈，由于篇幅限制。表 6.7 给出新手

"用户 H"的用户体验访谈文稿分析。

表6.7　　　"食趣味"新手"用户 H"的用户体验访谈文稿分析

访谈对象：用户 H
职业：学生
访谈地点：线上
访谈对象类型：新手

提问方向		体验过程		
		使用前	使用中	使用后
完成任务	功能性的	• 了解地域性的美食文化 • 能进一步了解到自己力所能及范围内的美食（距离范围，价格范围） • 做旅游攻略前会主动了解	• 幽默有趣的会收藏和关注；有关的商家会收藏 • 知识相关的会关注并收藏；更关注博主的专业性	• 博主所推荐的产品要能体现性价比 • 所推荐产品要有真实性
	社交性的	• 会乐于分享，也会通过别人推荐获取自媒体资讯	• 倾向于自己去了解产品情况	• 遇到好的店和信息会别人分享
去除痛点	不想要的	• 资讯太有误导性 • 评论失实	• 抖音和小红书相对更快餐化	• 虚假的宣传会有受骗感
	障碍	• 一些信息具有误导性，难以抉择 • 相关视频底下的评论难以区分主观和客观	• 信息重复较多，冗杂	• 产品价格及质量信息等还不够透明，需要自己去比对
去除疑虑	已获验证类别	• 各平台特点跟想象中一样	• 抖音和小红书的推送机制使得用户不会关注博主（但会点赞关注）	• 做好有特色的平台内容
	未获验证类别	• 各种类型的美食视频之间没有偏好，是一视同仁的 • 所用平台也无偏好	• 博主的互动模式和其粉丝量（体量）有关	• 价格合适，博主专业且有背书，就会购买
获得附加值	无预期的	• 选择用户所偏好的美食视频类型与平台	• 哔哩哔哩（bilibili）网站和其他平台的推送机制导致了对美食视频投入的媒介资源不同 • 喜爱夸张化和正中需求的营销	• 博主要幽默 • 需要价格地图

七、共情访谈对象的痛点和期望

继续结合逐字稿分析，通过涉及"想法和感受""听见""看见""说和做"等内容的剖析，填写同理心地图，获得具体使用者的痛苦和期望，如图 6.2 所示。

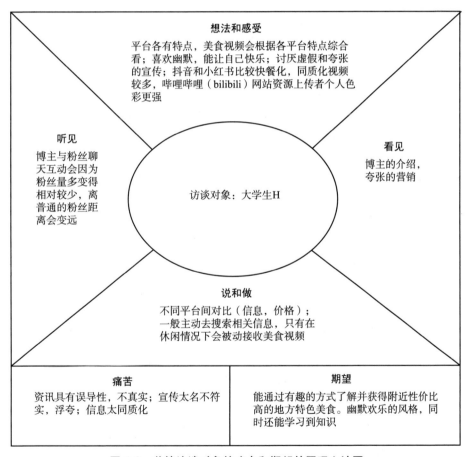

想法和感受

平台各有特点，美食视频会根据各平台特点综合看；喜欢幽默，能让自己快乐；讨厌虚假和夸张的宣传；抖音和小红书比较快餐化，同质化视频较多，哔哩哔哩（bilibili）网站资源上传者个人色彩更强

听见

博主与粉丝聊天互动会因为粉丝量多变得相对较少，离普通的粉丝距离会变远

访谈对象：大学生H

看见

博主的介绍，夸张的营销

说和做

不同平台间对比（信息，价格）；一般主动去搜索相关信息，只有在休闲情况下会被动接收美食视频

痛苦

资讯具有误导性，不真实；宣传太名不符实，浮夸；信息太同质化

期望

能通过有趣的方式了解并获得附近性价比高的地方特色美食。幽默欢乐的风格，同时还能学习到知识

图 6.2　共情访谈对象的痛点和期望的同理心地图

本部分在表6.4的访谈对象计划表格中确定了访谈对象的类别，随后设计了表6.5的深度访谈大纲，基于此我们开展访谈，可以极大地获取五大类访谈对象充足的一手访谈资料，从而生成表6.6的逐字稿，这三步是需求洞察的思维发散环节。通过表6.7的访谈文稿分析表格，直至在图6.2的同理心地图中共情访谈对象的痛点和期望，这两步完成需求洞察的思维收敛环节，从庞杂的逐字稿中提炼出用户体验的准确信息。

第三节 创意构思

一、发蒙启滞——从蒙昧到文明

文明的产生必然是人类社会发生了强烈的质变和深刻的社会变革，也就是我们常说的社会中有法度可循就是文明。关于文明和国家起源的要素和标准很多，大体来说，主要有城市的出现、车马器的使用、礼器的使用、文字的使用、军队和监狱等暴力机构的出现、冶炼技术的出现、大型祭祀建筑的使用等等。

相类似地，在创新创业导向的新产品开发中，"创意"是新产品产生的重要标志，这相当于早期文明起源的重要标志。独特的创意有助于树立新颖的产品形象，拓展已有产品边界，引领市场方向。创意是逻辑思维、形象思维、逆向思维、发散思维、系统思维、模糊思维和直觉、灵感等多种认知方式综合运用的结果。创意起源于人类的创造力、技能和才华，左右着人类的发展，发展离不开创意。

二、定义创新机会点

启蒙教育读本《幼学琼林》开篇为："混沌初开，乾坤始奠。气之轻清上浮者为天，气之重浊下凝者为地。"混沌：指世界开辟前元气未分、模糊一团的状态；乾：八卦之一，代表天，乾是阳的代表；坤：八卦之一，代表地，与天相对，代表阴。据说天地未开之时，宇宙混沌一片，有一个巨人叫盘古。他已经睡了一万八千年。有一天，他突然苏醒，见眼前一片漆黑，就抡起斧头朝黑暗劈过去。于是，混沌一片的东西就慢慢分开了。混沌的宇宙，元气一经开辟，天地便开始形成。轻盈、清净的元气向上浮升而形成了天，厚重、浑浊的部分向下凝结便形成了地。

新产品开发团队采用协同发散的原则，正是在思想的混沌中摸索：何为乾？何为坤？通过协同发散，新产品开发团队进行拓展性和情境性学习，带来仅仅通过归纳（通过客户观察诱发问题）或推断（从客户如何反映当前产品功能推断解决方案）而不能产生的新概念（徐露允、龚红，2021），新产生的概念中暗藏乾坤。当团队整理来自不同利益相关者的想法，并通过混合分析和直觉来综合它们时，新奇的想法就会出现，从而产生可替代的解决方案（卑立新、焦高乐，2021）。采用协同发散原则的新产品开发团队将更加具有好奇性和开放性，因为他们通过更广泛的渠道来收集新信息，参与更多样化的对话来挑战既定的或隐含的假设（Liedtka，2018）。这些团队将使用多种工具，例如，思维导图和头脑风暴产生不同的想法，并有效地管理不同想法之间的关系（张楠、王居源，2020），推动了团队的理解和学习（Beverland et al.，2016）。最终，协同发散促进了不断重构、假设移除和修改，从而使问题保持流动性，并通过更广泛的搜索产生新的解决方案，从而定义创新机会点。

三、案例创意——价值主张设定

（一）设计观点

通过对同理心地图的梳理，从需求角度获得用户具体功能方面需求，并从情感方面洞察其心理方面的需求。通过设计观点的获取从而形成有创意的价值主张设定，如表6.8所示。

表6.8   **"食趣味"设计观点PoV表**

用户	需要	洞察需求
大学生"H"	想要了解自己所在范围内的美食相关内容	方便自己随时体验到
	想要物美价廉	物超所值
	想要风格幽默，能解压	能给自己带来快乐
	想要符合真实情况，别有误导的文案	不扫兴

（二）一级创新机会点

从表6.8的创意——价值主张出发，团队成员使用书面头脑风暴法完成创新机会点表，围坐后每人写一个点子，然后顺次传递给下一位成员。每位成员以"我们该怎样……"开展提问。从"增强利好""移除不利因素""探索对立面""质疑假设""关注形容词""识别出让人意想不到的资源""依据需求或背景提出类比问题""直击挑战""改变现状"等角度思考问题的若干方面。

在书面头脑风暴会议中团队成员畅所欲言，提出若干实现创意的一级创新机会点，剔除重复点，整理成表，如表6.9所示。

表6.9   **一级创新机会点**

序号	一级创新机会点内容
1	我们该怎样利用形式创新且符合用户需求特点的内容自媒体平台来为用户提供旅游及美食资讯，以便获得更多流量？（增强利好因素）
2	我们该怎样利用社群通过私域流量为B端商家和C端用户服务，以便提高项目影响力？（识别出让人意想不到的资源："私域流量"）

续表

序号	一级创新机会点内容
3	我们该怎样利用美食实体展，以便增强用户的体验感？（识别出让人意想不到的资源："美食实体展"）
4	我们该怎样利用身边的美食，以便将其发掘成为美食内容创作的来源？（增强利好因素）
5	我们该怎样利用美食商家定制营销合作，以便获取稳定的内容素材？（增强利好因素）
6	我们该怎样利用寻找合作商家的活动，以便让旅游成为具有探索意义的事？（关注形容词）
7	我们该怎样利用美食完成旅游路线规划，以便让本项目变得与众不同？（增强利好因素）
8	我们该怎样利用消费者主导内容生产，以便让消费者成为活动主角？（增强利好因素）
9	我们该怎样利用小程序辅助运营，以便让项目借助平台流量？（识别出让人意想不到的资源）
10	我们该怎样利用线下美食旅游团模式打通 C 端美食社交，以便获取线下向线上的流量输入？（依据需求或背景提出类比问题：美食社交）

（三）一级创新机会点的 2×2 矩阵收敛

在"价值－努力"矩阵中根据努力程度和价值高低的判断，分别将表 6.9 的创新点写入矩阵的四个象限，见图 6.3。

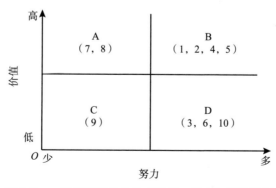

图 6.3　一级创新机会点的"价值－努力"矩阵判别

87

在"功能性－相似性"矩阵中针对相似性和功能性的判断，分别将表6.9的创新点写入矩阵的四个象限，见图6.4。

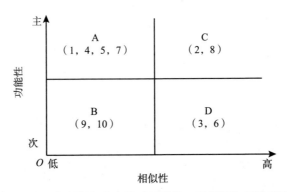

图6.4 一级创新机会点的"功能性－相似性"矩阵判别

（四）价值主张创新点的 DFV 检验

在图6.3的"价值－努力"矩阵和图6.4的"功能性－相似性"矩阵 A 象限和 B 象限中找创新机会点交集是 1、4、5、7 点，在这里完成价值主张作为一级创新机会点的收敛。表6.10 中开展一级创新机会点的 DFV 检验，完成进一步思维收敛的工作。

表6.10 一级创新点的 DFV 检验

问题序号	需求性（D）	可行性（F）	延续性（V）
1	√	√	√
4	√	√	√
5	√	√	√
7	√	√	

由此，确定本次创新创业项目的创意目标为：我们该怎样设计形式创新

且符合用户需求特点的自媒体矩阵，以便开展身边的美食发掘？

四、案例二级创新机会点的生成

对应于前述的问题"粒度"，创新机会点也会经历粒度从粗到细的历程。从创意下来，经历了一级创新点的收敛后，下面开展作为具体业务的二级创新机会点的生成。流程与一级创新点的发散及收敛过程相同。

（一）书面头脑风暴发散获得主要具体业务汇总

"食趣味"具体业务二级创新机会点，如表 6.11 所示。

表 6.11　　　　　　　　"食趣味"具体业务二级创新机会点

序号	二级创新机会点内容
1	我们该怎样利用电动车探索路边摊，以便完成 PGC 形式的美食自媒体？
2	我们该怎样创意自己的自媒体内容，以便与视频号、抖音、小红书等平台上相应内容不同质化？
3	我们该怎样利用社群让商家卖货，以便私域流量变现？
4	我们该怎样通过朋友圈前期推广，拉商家入社群，以便形成美食销售平台？
5	我们该怎样通过旅游的定制，以便融入地方美食？
6	我们该怎样协助商家社群运营，以便提取分成？
7	我们该怎样利用微信建多个账号，以便拉社群建立私域流量？

（二）二级创新机会点的 2×2 矩阵收敛

"食趣味"具体的业务对应的二级创新机会点的获得，将表 6.11 的 7 行内容分别写入"价值 – 努力"矩阵（见图 6.5）和"功能性 – 相似性"矩阵（见图 6.6）。

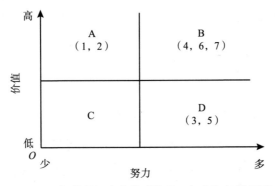

图6.5　二级创新机会点的"价值－努力"矩阵判别

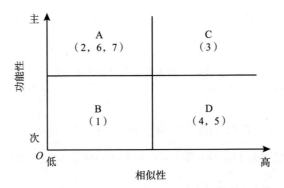

图6.6　二级创新机会点的"功能性－相似性"矩阵判别

在图6.5的"价值－努力"矩阵和图6.6的"功能性－相似性"矩阵的A象限和B象限找到支撑创新机会点的具体业务交集是1、2、6、7点，在这里完成二级创新点的收敛。

（三）指代主要业务的二级创新维度的DFV检验

表6.12中开展业务的DFV检验，完成二级创新维度的进一步收敛工作。

表 6.12 二级创新点的 DFV 检验

问题序号	市场需求性	技术可行性	商业延续性
1	√	√	√
2	√	√	√
6	√	√	√
7	√	√	√

在二级创新维度完成发散及收敛工作后，得到以电动车为载具，体现大学生特色的探索大学城路边摊；以创意自媒体为主要载体挖掘美食商家；协助搭建面向 B 端和面向 C 端社群等主要业务。

到此为止，我们在设计观点（PoV 表）的基础上，通过两轮从创新机会点发散再到"价值-努力"和"功能性-相似性"矩阵、DFV 判别收敛，获得了项目该如何做的思路上的建模，这被称为概念模型。概念模型帮助我们找出用户的痛点是什么，期望是什么，我们可以怎么做，以及哪些做法会更高效。下一章会对以上这些创新机会点给出具体实施方案，即设计模型。

第七章

生成设计模型及实施

第一节 行针步线，目营心匠

设计模型是对实施模型的抽象。新产品开发团队使用多重表征向内部和外部利益相关者如团队成员、用户、高管等传达设计理念，并完成犹如"行针步线"般的设计策划。除了原型，采用多重表征原则的新产品开发团队将灵活地使用多种表征工具，如图纸、线框图和演示等。作为一种学习的手段，对这些多样化表征的动态选择有助于快速建立对设计问题和拟议解决方案价值的共同理解（Bergman and Lyytinen，2007），利益相关者背景的多样性及设计问题的流动性和复杂性也需要使用多重表征。总的来说，合适的表征作为有效的设计边界对象，可以刺激讨论并产生新想法（张明超等，2021）。团队通过多重表征"目营心匠"，巧妙构思设计。通过多重表征的不同反馈推动了迭代，并帮助新产品开发团队快速适应产品特性。

在新产品开发中，一个特殊的表征是"最小可行产品"（minimum viable product，MVP）。最小可行产品能够促进早期参与度，并帮助维持新产品开发团队内部、团队与客户之间的互动，同时相关的学习可以修改发展优先级

（张明超等，2021）。

新产品开发团队采用迭代原则，通过多个可以激发学习的生成测试周期来优化问题和解决方案之间的联系（Simon，1969）。每一次迭代都将测试特定的设计目标和假设，从而使团队能够试验多个设计概念并筛选它们（Liedt-ka，2018）。迭代产生快速和简单的反馈，允许新生成的知识与当前的知识重新组合，适应设计概念，这提高了用户需求、环境与产品功能（或设计）、制造约束之间的匹配（卑立新、焦高乐，2021）。设计原型在新产品开发中被广泛应用，迭代地产生技术可行性并降低下游风险，采用设计导向的新产品开发团队将通过学习的视角来处理原型，并将原型部署为学习探针（Brown and Eisenhardt，1997）。因此，迭代通过保持设计的流动性来解决设计的模糊性和不确定性，直到产生多个可行的解决方案（从用户角度和技术角度）。当与更广泛的体系结构原则（如模块化）相结合时，迭代改进了搜索的方向和速度，并带来新的、可行的产品设计（姜诗尧，2020）。

第二节　案例原型的构建

本案例采用线框图呈现第一期美食旅游主题的自媒体内容全过程模型，如图 7.1 所示。

原型说明：涉及自媒体内容的整个过程，包括拍摄前素材的挖掘，拍摄过程中的脚本撰写、题材选择，以及拍摄之后的流量运营、流量获取、流量变现等关键环节。

原型展示：以第一期为例。

主题形式：电动车探路边摊。

路线选择：找朋友推荐，小红书搜索，可能基于模糊搜索先找一片区域。

文案：后期根据内容配音。

出镜人物：暂定小齐。

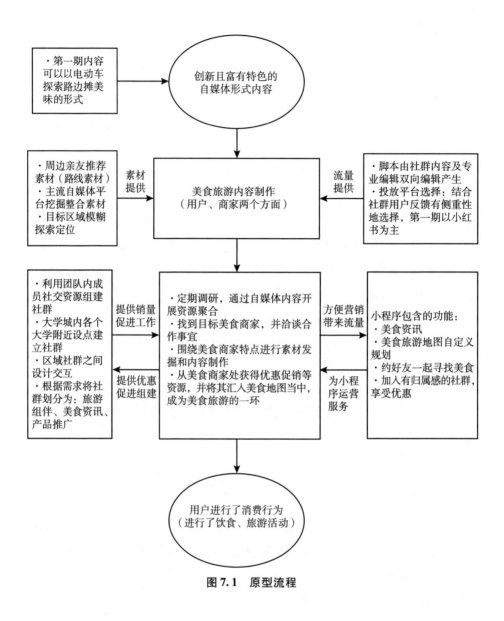

图 7.1　原型流程

投放平台：小红书视频号及图文笔记、微信视频号、抖音、微信公众号、哔哩哔哩短视频。

运营：前端开发流量；后端通过数据分析，粉丝话题交流增强黏性，商家社群折扣带货。

第三节 日月五星，谓之七政

盘古开天地后，天地形成，星空璀璨。天上的太阳、月亮和金、木、水、火、土五星合称"七政"。天有五星，地有五行。五行是指五种构成物质的基本元素。五行相生相克是人们普遍知道的道理。天若无土，就无法覆盖大地；地若无土，五谷就无法生长，人若无土，就无法自然繁衍。而反过来，土若无水无木，亦无法生养万物，无火无金，同样难以繁衍生息。

日月五星犹如滋养新产品创新活动的要素。大多数研发项目具有较高的不确定性，如何对激发新产品创新活动的各要素进行设计对企业意义重大。

商业模式设计是通过使用一系列包含要素及其关系的概念性工具来阐明某个特定实体的商业逻辑，基于系统论的元模式研究成为当前商业模式概念研究的主流，较为经典的三种观点有"经营系统"论、"经营系统 + 盈利模式"论和"经营系统 + 盈利模式 + 价值主张"论（张敬伟，2010；Zott and Amit，2008；成文等，2014）。目前关于商业模式的构成要素研究尚无一致结论。从要素构成来看，阿米特和卓德（Amit and Zott，2001）认为商业模式可以界定为价值创造和获取、系统视角和组织活动三个基础要素；哈梅尔（Hamel，2000）等指出商业模式由核心战略、战略性资源、顾客界面和价值网络四大要素构成；约翰逊（Johnson，2008）认为顾客价值主张、利润模式、关键资源、核心流程等核心要素组成商业模式；也有学者提出了更为复杂的要素构成模型，例如，切斯布诺（Chesbrough，2002）的七要素模型、奥斯特瓦德（Osterwalder，2004）九要素模型等。关于要素间的关系，部分学者采用线性结构或者复杂的概念模型来展示，例如，蒂斯（Teece，2010）采用线性分析逻辑完成从顾客价值、产品特征到商业化和价值获取的机制设计；哈梅尔等（Hamel et al.，2000）则通过效率、独特性、匹配和利润助推器四个支持因素来研究要素间复杂的逻辑关系。

动态视角下的商业模式设计并非一成不变，而是一个动态演进的过程。索斯纳等（Sosna et al.，2010）认为随着环境的变化，商业模式的有效性会受到损害，企业将通过不断的体验式"反复试验"对商业模式设计进行精细调整。德索萨等（D'Souza et al.，2018）发现商业模式设计是反复进行的，并通过迭代模型提出扩展的商业模式设计框架。

第四节　案例商业模式分析

"食趣味"采用 PGC 与 UGC 相互促进的内容产生模式。PGC 即专家生产内容（professionall generated content），UGC 即用户生产内容（user generated content），食趣味通过构建社群，搭建起私域流量运营矩阵，鼓励用户在私域中不断发表食旅相关的内容，在增强用户黏性的同时，亦能灵敏精准地跟进目标用户群体的市场动向，为食趣味的自媒体平台矩阵上的 PGC 提供切合点精准的内容素材，而自媒体平台矩阵上的 PGC 又能进一步从公域中为"食趣味"平台吸引更多的流量，更进一步拓展私域矩阵的规模，由此形成 PGC 和 UGC 的相互促进模式。

通过组建社群，将目标用户集中在一个个私域流量池当中，同时与美食商家合作，在社群当中定期推送合作商家的优惠促销活动，帮助所合作的美食商家带货并收取一定提成；定期组织美食相关话题，择取社群当中的活跃用户进行调访，以收集用户的美食偏好及食旅相关的内容素材。

组建自媒体矩阵，通过聚合社群中的用户内容素材以及不同自媒体平台的食旅相关资讯，进行实地食旅路线的规划，以及食旅相关的内容创作，并不断强化"食趣味"的产品影响力，打造关键意见领袖（key opinion leader，KOL）平台内容，以吸引更多的目标用户，积攒平台流量，从而获取平台的扶持，同时也利用自媒体矩阵，为合作关系较深的商家进行定制化的营销服务。

　　"食趣味"基于上述的两个模式，利用构建起的私域流量池流量以及积攒流量过程中用户所反馈的数据及食旅路线等相关调研数据，可以出售给在线旅游（online travel agent，OTA）平台以帮助其优化平台服务；利用调研数据及自媒体联合矩阵，为有合作意向的地方旅游点提供旅游宣发的服务。基于九要素的商业模式画布分析，如图7.2所示。

重要合作	关键业务	价值主张	客户关系	客户细分
·美食资源供应商 ·自媒体平台 ·美食领域有关KOL ·重要食旅OTA平台（美团，十六番等） ·地方文旅工作单位（美食文化相关活动推广、策划）	·提供美食路线资讯及规划服务 ·合作商家营销方案定制 ·专业个性化美食旅游服务设计 ·平台推广	·挖掘地方特色美食资源 ·设计创新地方特色美食文化旅游方案，深化营销价值 ·宣传推广，发扬地方特色美食文化 ·为用户提供切实美食旅游参考资源 ·为商家提供美食自媒体营销方案	·共同创作型 ·在线社区 ·为客户提供自助服务 ·专用个人助理 ·自动化服务（建立标签，客户档案分类）	·有美食品尝兴趣的大学生 ·对美食自媒体内容感兴趣的大学生 ·以华南地区为主的美食旅游爱好者 ·有丰富特色美食资源的下沉市场用户
	核心资源 ·专业的自媒体工作团队 ·自媒体营销专业人才 ·私域流量池（高效的反馈机制） ·稳定的美食商家合作关系 ·用户调研数据 ·美食资源文化信息		**渠道通路** ·自媒体平台矩阵 ·建构私域流量池 ·特色美食商家资源整合 ·特色美食供应链	

成本构成	收入来源
·设备维护 ·平台运营成本 ·团队管理成本 ·营销成本 ·调研成本 ·人员成本	·自媒体平台流量激励 ·广告收入 ·合作商家带货分成 ·粉丝回馈 ·美食旅游定制规划收费 ·路线及用户调研数据收费

图7.2　"食趣味"商业模式画布

第四部分

鞭 辟 近 里

第八章

理解需求的本质

第一节　什么是真实需求？

需求的本质是消费者的渴望或者欲望，它指的是消费者对某种产品、服务或者体验的感受和期待。需求不仅是对基本生活需求的满足，也包括对更高层次的精神和情感需求的追求。探求消费者需求是市场研究的核心任务之一，通过深入了解消费者的行为、心理和态度，可以揭示出消费者的需求和偏好，从而指导产品研发、市场定位和营销策略。市场调研、观察和分析消费者行为、用户体验研究、竞争分析、创新思维是一些常用的方法和步骤来探求消费者需求。

（1）市场调研。通过在线调查、面对面访谈、焦点小组讨论等方法，收集消费者对产品或服务的反馈和意见，了解他们的需求、喜好和购买决策过程。这样可以获取大量的定性和定量数据，对市场需求有更全面的了解。

（2）观察和分析消费者行为。观察消费者在购物时的行为，了解他们的偏好、习惯和决策过程。可以通过观察消费者的购买行为、使用习惯、社交媒体活动等来获取数据，以揭示他们的实际需求。

（3）用户体验研究。通过用户测试和反馈，了解消费者在使用产品或服务时的体验和感受。这可以帮助发现产品或服务中的问题和改进点，并更好地满足消费者的需求。例如，问消费者，你觉得你使用冰箱的过程中有什么不满意的地方？用户可能提出噪声太大、蔬菜放冰箱一两天就会变黄发蔫等。这些现有产品的缺陷就提示了未来产品改进的思路和方向。

（4）竞争分析。研究市场上类似产品或服务的竞争对手，了解他们的市场份额、产品特点、定价策略等，可以通过比较分析来确定自己的差异化竞争优势和满足消费者的独特需求。

（5）创新思维。通过创新思维和设计思维的方法，挖掘消费者未被满足的需求点。例如，通过洞察消费者的隐性需求、探索新的用户群体和场景，来发现新的市场机会和需求点。

举例说明：你是一名图书电商的客服人员，有用户投诉说，"我收到的图书有破损，我要退货。"这时候你可能觉得有以下两个选项：一是直接退货；二是跟快递公司确认破损原因，再定谁来承担责任。但事实上我们还可以把用户的使用场景考虑进来，这样跟用户商量"这本书是您自己用，还是送朋友？如果是您自己用，在不影响阅读的情况下，我们愿意给您补偿10元的红包。如果是送朋友，我们愿意免费给您寄出一本新的。"这么问了之后，有相当比例的用户选择了接受10元红包的补偿，这样公司的损失相比之前更小，而且用户的体验感更好，更强烈地感受到我们的诚意。

第二节　如何挖掘本质需求？

公司在做新产品开发的时候，一般都会做市场调研，即便如此，仍然有95%的新产品开发是失败的。很多时候公司市场部人员的调研都本末倒置了，把附加价值理解为用户的需求，而忽略了更本质的需求。本质需求被满足了，那附加价值就是锦上添花。但如果本质需求都没有满足好，过多的精力花在了附加价值上，业务也很难得到长期的有效发展。如何才能拨开迷雾，在一堆看上去都有点儿道理的需求中，找出那个消费者最核心的需求呢？可以使用深度访谈和反向提问两种方法。

一、深度访谈

常规做法往往是发个问卷，提一些问题，例如："如果我们出了一个××××的产品，您最关注下面哪几个方面？""如果我们上线一个可以××××的产品，您有多大可能性购买？"其实这样的调研很难抓到用户的真实需求。

一次有效的深入访谈通常包括选择合适的受访者、编写有效的访谈指南、执行深度访谈、分析和总结数据四步。

（一）选择合适的受访者

为了获得有价值的数据，你需要选择与研究目标相关的受访者。可以根据你已有的用户数据或市场调查来定义你的目标用户群体，并从中筛选出一些符合条件的候选人。还可以使用一些工具或平台来招募受访者，例如，社交媒体、在线论坛、问卷调查等。在选择受访者时，需要考虑他们的人口统计特征、使用行为、购买习惯等因素，以确保他们能够代表你想要了解的用户类型。

（二）编写有效的访谈指南

访谈指南需要列出想要问受访者的各类问题，它可以帮助我们在深度访谈中保持焦点和结构。编写一个有效的访谈指南需要以下几个步骤：

1. 列出研究问题

研究问题是指我们想要通过深度访谈来回答的问题，它们应该与我们的研究目标紧密相关。例如，如果我们的研究目标是了解用户对于某个功能的使用频率、满意度和改进意见，那么我们的研究问题可能是：用户多久使用一次这个功能？用户使用这个功能时遇到了什么问题？用户对这个功能有什么建议？

2. 设计访谈问题

访谈问题是指我们实际上要问受访者的问题，它们应该能够引导受访者分享他们关于研究问题的看法和经验。在设计访谈问题时，我们需要注意以下几点：

（1）使用开放式问题。

开放式问题是指没有固定答案或选项的问题，它们可以鼓励受访者自由地表达他们的想法和感受。例如，我们可以问"我们使用这个功能时有什么感觉？"而不是"你喜欢这个功能吗？"

（2）避免引导性或偏见性的问题。

引导性或偏见性的问题是指那些暗示或建议某种答案的问题，它们可能会影响受访者的真实回答。例如，我们应该避免问"你不觉得这个功能很难用吗？"或者"这个功能是不是很棒？"

（3）使用探索性和跟进性的问题。

探索性和跟进性的问题是指那些可以深入了解受访者的回答的原因、细节、例子等问题，它们可以帮助我们获取更多的信息和洞察。例如，我们可以问"你为什么会这样说？"或者"你能给我一个具体的例子吗？"

（三）执行深度访谈

在我们准备好了访谈指南之后，我们就可以开始执行深度访谈了。在执行深度访谈时，需要注意以下几点：

1. 选择合适的时间和地点

为了保证深度访谈的质量和效果，我们需要选择一个对于受访者方便、舒适、安静、私密且不易打扰的时间和地点。如果可能，我们还可以根据受访者的使用场景来选择一个与研究主题相关的环境，例如，他们使用产品或服务的地方。

2. 录音或录像

为了方便后期分析和总结数据，我们需要在得到受访者同意后对深度访谈进行录音或录像。在录音或录像时，我们需要确保设备的质量和稳定性，避免出现噪声、断电、存储不足等问题。我们还需要注意保护受访者的隐私和信息安全，不要将录音或录像泄露给第三方。

3. 建立良好的沟通

在深度访谈中，我们需要与受访者建立良好的沟通，让他们感到放松、自信、尊重和信任。除了受访人说过的话，我们还要留意记录受访人语句中的感叹词，他表露出的情绪，以及说话时的姿势。这些生动的信息可以帮助我们理解受访人没能用语言表达出来的更加丰富的意涵，挖掘受访人未言明的深层次需求。

（四）分析和总结数据

在完成了深度访谈之后，我们需要对录音或录像进行转录、整理、编码、分析和总结，以提取出有价值的数据和洞察。在分析和总结数据时，需要注意以下几点：

1. 保持客观和批判性

我们应该尽量保持客观和批判性的态度，避免受到自己的偏见、期望、情绪或背景知识的影响。我们还应该检查数据的可靠性、有效性、一致性和代表性，避免出现错误、遗漏、歧义或偏颇等。

2. 使用适当的分析方法

我们应该根据我们的研究目标和数据类型选择适当的分析方法，例如，主题分析、内容分析、叙事分析等。我们还可以使用一些工具或软件来辅助分析过程，例如，NVIVO、ATLAS. ti 等。

3. 生成有用的输出

我们应该根据研究目标和受众生成有用的输出，如报告、演示、图表、视频等。我们还应该在输出中突出主要发现、结论和建议，以及支持它们的证据和引用。

值得注意的是，深度访谈也存在两个较大的局限性：一是比较耗费时间和精力；二是深度访谈获取的信息量大、内容复杂，研究者要想从中找出要点，做出有效的分析需要一定的研究经验。

二、反向提问

反向提问是一种结合了头脑风暴和逆向思维的创造性问题解决技巧。它可以帮助你从不同的角度思考问题，发现更多的解决方案。

反向提问可以让用户从另一个角度思考，揭示他们的不满、挑战和需求。通常情况下，产品经理可能会问用户一些正向的问题，例如，"你喜欢我们的产品吗？"或者"你觉得我们的产品有什么优点？"但是，这样的问题可能会得到一些礼貌、肯定或不完整的回答。反向提问可以这么问，"你讨厌我们的产品吗？"或者"你觉得我们的产品有什么缺点？"反向提问可以与其他问题解决技巧结合使用，例如，"漏斗式"提问、"5W1H"法等，这些技巧可以帮助你更深入地了解用户的需求、动机、痛点和期望。

第三节　描述用户需求

假如经过上面的步骤，我们有效地定位了用户需求，但要团队内部对用户需求形成共识，我们还需要准确地描述用户需求。具体怎么做呢？我们可以通过用户画像和使用场景描述来清晰地描述用户需求，帮助团队形成一致的认知。

一、用户画像

用户画像是一种用来代表目标用户群体的虚构角色，它基于对真实用户的观察和研究，综合了他们的特征和行为。用户画像可以帮助你了解用户的需求、体验、行为和目标，以及他们如何使用你的产品或服务。用户画像的重要性在于，它可以让你从自己的角度跳出来，认识到不同的人有不同的需求和期望，也可以帮助你与用户产生共鸣。用户画像还可以指导你的创意过程，并帮助我们实现为目标用户群体提供良好的用户体验的最终目的。

1. 身份

给你的用户画像一个真实的名字和身份，让他们具有人性化，而不是一个无名的用户列表。这是与他们的需求和挫折产生共情的第一步。你还可以给这个用户画像一个图片，让其更生动。

2. 人口统计学

这一部分会突出你的用户画像的细节，如年龄、地点、婚姻状况等。

3. 动机

这一部分是你考虑用户需求的很多重要信息的地方。你需要了解他们使用你的产品或服务的目的是什么，他们想要实现什么，他们的动机是什么。这些目标应该是具体和可衡量的，而不是模糊和抽象的。

4. 痛点

这一部分是你考虑用户挫折的地方。你需要了解他们在使用你的产品或服务时遇到的问题、困难、障碍或不满。这些痛点应该是真实和具体的，而不是假设或推测的。

通过填写这四类信息，你就可以创建一个用户画像地图，如图 8.1 所示。它可以帮助你更好地理解和设计你的产品或服务。

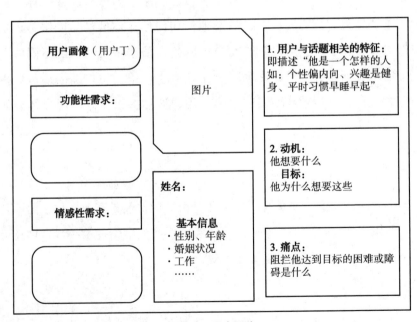

图 8.1　用户画像

二、使用场景描述

使用场景是指用户在使用产品时遇到的典型情况，它们可以帮助我们了解用户的目标、动机、需求和问题。

要创建有效的用户使用场景，我们需要先进行用户研究，了解用户的人口统计特征、目标、问题和动机。然后，我们需要根据用户研究，编写一个简短的故事，描述用户在什么情况下会寻求产品的解决方案，以及他们如何完成一个特定的任务或目标。

例如，假设我们要设计一个旅游预订应用程序，我们可以创建以下用户使用场景：

1. 用户

晓玲，35 岁，中学老师，住在东莞市中心。她最近结婚了，她的梦想蜜月目的地是昆明。她喜欢户外活动，和朋友一起参加普拉提和自行车课程。她认为自己是一个精明的买家，能够在互联网上找到最好的价格和优惠。她不喜欢隐藏的费用和感觉自己没有得到便宜。

2. 场景

晓玲在周末的早上，在家里用平板电脑浏览旅游预订应用程序。她想要为自己和丈夫预订一次昆明之旅，但她的预算有限，希望找到一个包含机票、酒店和租车的优惠套餐，并且能够查看不同日期和目的地的价格比较。

3. 任务

晓玲打开旅游预订应用程序，输入了出发地、目的地、出行日期和人数。她选择了"查看套餐"选项，并看到了不同航空公司、酒店和租车公司的组合。她可以通过滑动屏幕来调整每个组件的价格和评级，并看到总价格的变化。她还可以点击"更改日期"或"更改目的地"按钮，来查看其他选择。她发现了一个符合她要求的套餐，并点击"预订"按钮，完成了支付流程。

通过这个用户使用场景，我们可以清楚地看到用户的目标、动机、问题和解决方案。这样，我们就可以根据用户使用场景来设计产品的功能、界面和交互，并且在营销产品时突出产品的优势和价值。

第九章

需求驱动

第一节　需求驱动战略

　　用户需求是决定公司战略的重要因素之一。需求驱动公司战略的理论基础可以追溯到市场导向的概念。市场导向是一种响应消费者需求并通过市场活动实现组织与环境之间有效互动的战略取向。基于市场导向的观点，需求驱动公司战略具有以下逻辑：首先，公司必须深入了解现有和潜在客户的需求、期望和偏好。这需要实施市场研究、调查和数据分析等手段，以获取合理、可靠的市场洞察。其次，公司需要将这些市场洞察纳入战略制定过程中。对客户需求的全面理解将影响公司的产品开发、市场定位、分销渠道选择等关键决策（Jaworski and Kohli，1996）。最后，公司必须通过高效的实施和执行，满足市场需求，并持续优化和调整战略以适应不断变化的市场环境。

　　需求驱动公司战略的实践在众多知名企业中得到了充分验证。例如，苹果公司专注于理解其用户对于设计创新、用户体验和高品质产品的需求。通过设立专门部门负责用户研究和设计，不断改进产品和服务以满足并超越用户期望。亚马逊通过对用户购买历史、搜索行为、浏览数据等大数据的分析，深入了解消费者的需求和偏好，从而提供个性化推荐和定制化服务。这些企业在市场的领导地位展示了需求驱动公司战略的有效性。

第二节　如何实现需求驱动战略

在竞争激烈的商业环境中，实施需求驱动公司战略需要注意以下两个关键因素。

第一，高质量的市场研究和数据分析能力对于需求驱动公司战略的成功实施至关重要。市场研究能够为企业提供准确、可靠的市场洞察，帮助公司更好地理解并满足客户的需求。数据分析则是利用先进的统计和分析技术对大量的内部和外部数据进行挖掘和解读，以获取有关市场需求和消费者行为的洞察。通过市场研究和数据分析，公司能够更好地理解客户的喜好、习惯和购买行为，识别潜在的市场机会，并基于这些洞察制定相应的战略决策。

第二，有效的沟通和协作机制在需求驱动公司战略实施过程中起着关键作用。需求识别涉及多个部门和团队之间的紧密合作和信息共享。跨部门的合作和沟通可以确保市场洞察能够在战略决策和实施中得到适当的传达和转化。微软就是一个鼓励员工间的多部门合作与信息共享的典型案例。微软注重打破内部壁垒，促进跨团队和跨部门之间的合作与沟通。通过内部的协作平台和工具，例如，Microsoft Teams 和 SharePoint，微软员工可以自由地分享知识、交流想法，并参与到项目的决策和执行过程中。这种开放的沟通文化有效地促进了跨团队的协作，确保了市场洞察和客户需求在全公司的策略和产品中得到体现。同时，微软还通过跨部门的合作和沟通机制，在产品开发和战略决策过程中实现了无缝协作。例如，设立一系列跨学科的团队，由不同领域的专业人员组成，共同研究和解决复杂的问题。这种跨部门的合作鼓励了不同背景和专业知识的交流，推动了创新的发展，并确保了需求驱动战略的落地。

第三节 需求驱动组织

需求驱动组织结构是一种管理理念，它强调将顾客需求作为决策和行动的核心驱动力。这种组织结构意味着根据客户的需求和喜好来设计和调整组织的结构和流程。这种方式可以提高组织的灵活性和响应速度，增强组织的竞争力和客户满意度。

例如，国际商业机器公司（IBM）就曾经进行了一次重大的组织变革，它原来是以产品为中心的组织结构，在20世纪90年代初面临着市场的变化和竞争的压力，导致业绩下滑和客户流失。为了适应市场的需求，IBM进行了一系列的组织变革，将全球市场划分为14个行业部门，每个部门负责1个特定行业的客户，如金融、制造、零售等。每个部门都有自己的销售、服务、研发、支持等团队，可以根据客户的需求提供定制化的解决方案。IBM通过构建以客户为中心的组织结构，成功地提升了自己在市场上的地位和声誉，赢得了客户的信任和忠诚，实现了业务的增长和盈利。

以客户为中心的团队会强调在内部对客户需求和解决方案达成共识。团队中的每个成员在描述产品需求和解决方案时表达观点和想法，最后达成共识，确保讨论的有效性。团队中的共识不仅是对产品需求和解决方案的理解上的一致，还需要考虑到对团队目标理解的一致性，这能够更好地协调行动，实现共同目标。团队之间的共识基础能够带来有效的合作和沟通，确保市场洞察在整个组织中得到适当的转化和执行。例如，苹果公司在设计新产品时，采用了跨职能的团队协作模式，将设计、工程、市场营销等不同部门的人才聚集在一起，共同提炼和践行用户需求，并确保产品从概念到上市的各个阶段保持一致。这种高效的沟通和协作机制帮助苹果公司更好地满足用户需求，提供符合市场期望的产品和服务。

这种组织内部的需求共识对于中小企业也同样重要。举个例子，假设一线员工有一个关于产品改进的方案，希望向领导进行汇报。如果缺乏团队内部的一致性，领导的反馈很可能取决于当时的心情和瞬时思考。如果领导的思考和反馈是"随机"的，那么很难形成有意义和有效的讨论。这样的情况下，无论是全部听从领导的意见还是领导在讨论中做出妥协，都是一种资源和精力的浪费。但是，如果团队中的每个成员对产品需求和解决方案有共识，就可以使得讨论成为一种大家都有预期的讨论。

那么，接下来的问题是如何实现团队内部对需求和解决方案的共识呢？

第一，提供用户导向的培训对于建立共识非常重要。例如，一家互联网公司发现产品和技术团队在理解用户需求和把握用户体验方面存在一定差距，导致产品开发上线不断延期。为了解决这个问题，公司组织了一系列培训课程，包括用户研究方法、用户行为分析和用户反馈总结等。通过培训，公司的产品团队成员和技术团队成员掌握了一致的术语和定义，确保彼此之间的交流准确无误，并能够更有效地讨论问题，形成切实可行的解决方案。

第二，建立激励机制。激励员工提出和推动与用户需求和解决方案相关的创新想法和改进措施。例如，咨询公司为了鼓励团队成员提出符合用户需求的创新想法和改进措施，每季度会评选出最具创新价值和业绩的团队，并给予额外的奖励和认可。这样的激励机制不仅增强了员工对市场导向战略的认同，而且也激发了团队成员的积极性和参与度。

第三，提出检验标准。在启动新产品开发项目的时候，每次阶段性完成市场调研工作，需要每位团队成员都能熟练地说出产品的需求和解决方案，以此检验"横向拉齐"确实做到位了。

第十章

创新工具

创新工具是推动思维发散和收敛的重要手段，它们帮助个人和团队在解决问题和开发新想法时保持系统性和高效性。表10.1中显示了一些常用的创新工具，这些工具各有优缺点，适用于不同的场景。在实际应用中，选择合适的工具可以有效地促进创新过程，提高创新成果的质量和效率。

表 10.1　　　　　　　　　　创新工具示例

工具	优点	局限性	适用场景
头脑风暴	激发团队创意；生成大量想法	缺乏结构；可能产生群体思维	初期想法生成；主题探索
六顶思考帽	促进全面思考；明确思考角色；提高会议效率	需要训练；可能限制自由思考	团队讨论；决策分析
发明问题解决理论（TRIZ）	系统化创新方法；解决复杂问题；基于专利分析	学习曲线陡峭；过于理论化	技术创新；产品设计
奥斯本检核表	激发创意；扩展思维；易于实施	结果不可预测；可能导致信息过载	创意发散；问题解决
优先矩阵法	明确优先级；简单易用；促进资源合理分配	主观性强；忽略非定量因素	任务管理；资源分配

第一节　优先矩阵法

优先矩阵法（priority matrix）帮助你把想法按照不同的标准进行排序和比较，从而确定它们的优先级和可行性。在一个项目的启动阶段，可以直接使用优先矩阵法应用不用指标来筛选项目。可以用一个二维矩阵来表示不同的指标及权重，如成本、时间、风险、效果等，然后把每个想法放在矩阵中相应的位置，根据它们在矩阵中的位置来选择最合适的想法。

如以下这个例子：假设一家公司有两个项目需要投资，但是公司的资源有限，只能选择其中一个项目来进行投资。为了做出正确的决策，公司决定使用优先矩阵法来评估每个项目的优先级。

第一，公司确定了以下几条规则来衡量项目的重要性：市场潜力、竞争优势、技术可行性和财务回报。

第二，公司选择了一组关键决策者，包括高层管理人员和相关部门的代表。这些决策者根据个人经验和专业知识，为每条规则分配权重。例如，如果他们认为市场潜力对于项目选择最为重要，就给予该准则更高的权重。

第三，决策者使用优先矩阵法进行两两比较，评估每个项目在每个准则下的相对重要性。他们根据自己的专业知识和经验，对每个项目在每个准则下的重要性进行打分。例如，项目 A 在市场潜力准则下得分为 9，而项目 B 得分为 7。通过对每个项目在每个准则下的打分，决策者可以计算出每个项目的权重向量。

第四，通过对权重向量进行加权求和，可以计算出每个项目的综合优先级得分。

第五，公司可以根据项目的综合优先级得分，选择优先级较高的项目进行投资。

这个案例中，优先矩阵法帮助公司将主观的决策过程转化为量化的分析方法，提供了一个系统化的方法来做出项目选择决策。通过优先矩阵法，公司可以更加客观地评估和比较不同项目的优先级。

第二节　发明问题解决理论

发明问题解决理论（theory of inventive problem solving，TRIZ）是一种创新方法，它是一种基于逻辑、数据和研究的创造性过程，而不是基于直觉。这种方法从过去数千名工程师的知识和创造力中提炼出了创新的普遍原理，并用它们来使创造性问题解决过程更加可预测。换句话说，这种方法的根本信念是无论你面临什么问题，总有人在某个地方已经解决了它（或者一个非常类似的问题）。

TRIZ 最初是由苏联发明家和科幻作家根里奇·阿奇舒勒（Genrich Altshuller）及其同事在 1946 ~ 1985 年开发的。他们通过对全球专利文献中的发明模式进行研究，得出了以下三个主要的发现：第一，问题和解决方案在不同的行业和科学领域中重复出现；第二，技术进化的模式也在不同的行业和科学领域中重复出现；第三，创新往往使用了在其发展领域之外的科学效应。

TRIZ 方法中有两个核心概念：概括问题和解决方案、消除矛盾。

1. 概括问题和解决方案

TRIZ 认为，如果一个问题需要一个创造性的解决方案，那么就意味着存在一个"技术矛盾"，也就是说，改善一个参数会对另一个参数产生负面影响。例如，如果你想要提高汽车的速度，那么可能会增加汽车的油耗。TRIZ 提供了一些工具来帮助你找到消除或减少这些技术矛盾的方法，从而达到理想状态。这些工具包括：

（1）矛盾矩阵。这是一个表格，列出了 39 种常见的技术特征（如速度、重量、强度等），以及它们之间可能存在的矛盾关系。每个矛盾关系都对应着一组可能的解决方案原理（共有 40 种），这些原理是从大量专利中总结出来的通用创新方法。例如，如果你想要提高速度而不降低安全性，那么你可以参考以下四种原理：分割、动态性、反馈和中介。

（2）物理矛盾。这是指一个物体或系统在同一时间或空间内具有相互矛盾的要求或特征。例如，一个钥匙需要既硬又软，既大又小。TRIZ 提供了一些方法来解决物理矛盾，例如，分离原理（在时间或空间上分离矛盾的要求或特征），或者转换原理（利用物理或化学的变化来改变物体或系统的状态）。

（3）创新资源。这是指一些可以用来解决问题的现有或潜在的资源，如物质、能量、信息、时间、空间等。TRIZ 鼓励你利用手边的资源，而不是寻求外部的资源，从而降低成本和复杂性，提高效率和可靠性。

2. 消除矛盾

TRIZ 认为，创新的本质是消除或减少系统中存在的矛盾，从而使系统达到更高的水平。TRIZ 提供了一些工具来帮助你识别和消除矛盾。

（1）理想最终结果。这是指你想要达到的最佳状态，也就是没有任何问题或缺陷的状态。例如，一个理想的汽车就是不需要任何油耗、维修、驾驶员或路线规划，而且可以随心所欲地到达任何地方。TRIZ 鼓励你设想理想最终结果，并从中发现阻碍你实现它的障碍或矛盾，然后尝试消除它们。

（2）技术系统演化规律。这是指一些描述技术系统发展趋势和方向的规律，例如，系统复杂度增加、功能集成、自动化等。TRIZ 通过对大量专利和技术发展历史的分析，总结出了这些规律，并用它们来预测未来的创新方向和机会。

（3）科学效应。这是指一些可以用来解决问题的科学原理或现象，例如，机械、电磁、化学、生物等。TRIZ 收集了数千种科学效应，并将它们分类和编码，以便你可以根据你所面临的问题类型和领域来选择合适的效应，并将其应用到你的解决方案中。

📋 案例

　　传统笔记本电脑在长时间使用过程中会产生大量的热量，导致散热不良，影响设备的性能和寿命。通过 TRIZ 创新方法的应用，设计师小张意识到可以应用 TRIZ 中的几个原则和技巧来解决这个问题。

　　应用 TRIZ 中的"反向思考"原则。传统笔记本电脑的散热设计是将散热器安装在设备底部，通过散热孔将热量排出。然而，这会导致设备放置在平面表面上时散热不良。通过反向思考，小张意识到可以将散热器放置在键盘的背部，通过键盘上的空隙进行散热，从而改善散热效果。

　　运用 TRIZ 中的"二分法"技巧。小张将键盘分为多个散热区域，每个区域都有相应的散热装置。这样可以有效地提高散热效率，并避免热量在键盘上集中，导致使用不便。

　　运用 TRIZ 中的"资源匮乏"原则。传统的散热器设计通常使用铝制散热片，但铝材料使用量大且成本较高。通过应用资源匮乏原则，他寻找了一种新型的散热材料，既能够具备良好的导热性能，又能够节约成本。最终，小张选择了这种新型的复合材料作为散热片，既满足散热效果，又能够降低制造成本。

　　运用 TRIZ 中的"逆转"原则。传统笔记本的散热装置是被动的，只通过风扇带动自然对流来进行散热。小张决定使用主动散热装置，引入一种新型的风扇和温度传感器，以主动控制散热效果，从而提供更好的散热性能。

📋 思考题

　　在考试周，很多大学生常常面临睡眠不足的问题，导致白天精神不佳。使用 TRIZ 方法，如何解决这个问题？

提示：

使用反向思考原则：不要试图让大学生在考试前夜睡眠更多，而是探索在有限的时间内提高大学生精神状态的方法。

使用资源匮乏原则：利用短暂的休息间隙，使用快速放松和恢复精神的技术，如冥想、深呼吸或短暂的小睡。

使用逆转原则：提供专门设计的"快速恢复睡眠"装置或应用程序，通过声音、光线或其他刺激，帮助大学生在短时间内享受更深层次的休息。

使用分块原则：将学习划分为更合理的时间块，包括规定的休息和恢复时间，减少对熬夜复习的依赖。

第三节　书面头脑风暴

头脑风暴是一种广受欢迎的创意工具，它有助于营造一种自由的氛围，激发参与者灵感，打破思维定式，充分发挥创造力。在创意过程中，每个参与者都可以毫无拘束地表达自己的想法，其他人不可以相互评判。其核心观念是优秀的想法源于大量的想法。然而在实际操作过程中，头脑风暴会议的弊端也十分突出，其中社会压力和从众心理是头脑风暴过程中最常见的问题。通常在头脑风暴会议的前 15 分钟，大家都非常积极，但是之后的时间内，能够提出想法的成员越来越少，而创意的范围也越来越局限。这种弊端产生的原因主要有以下三个方面：

（1）团队成员之间的表现会相互影响。例如，在会议开始时发言的人可能会影响整个话题的关注点，使其他人难以产生新颖和有创造力的想法。这是因为当你的大脑在检索相关记忆时，如果另外一个人此时也提出一个想法，那么你的大脑的记忆也会受限于跟这个想法相关的记忆上。这会扼杀本来你自己可能会想到的各种点子，也抑制了大脑的创造性过程。

（2）团队成员越多，思维退化现象越明显。例如，团队中有一些个性比较强势的人，他们通常在团队中拥有较强话语权，并且容易主导整场会议节奏，或是控制整个创意过程。而受到从众的社会压力影响，其余人的工作积极性会降低，产生思想懒惰性，迎合那些想法，放弃自己原有的想法。

（3）成员个性不同而产生沟通焦虑。团队中有一些内向、容易焦虑的成员内心会比较抵触这样的会议。当他们听到别人想法和自己想法一样时，容易感到沮丧或慌张，或是容易根据大家对之前一些想法的反馈而不断审视自己的想法。如果内部成员之间有冲突或是话题本身具有争议性，参与者也会谨言慎行，这样也难以突破固有思维，产生新颖的想法。

而书面头脑风暴恰好可以弥补普通头脑风暴的不足，其优势体现在：第一，可以激发参与者的创造力，让他们自由地表达自己的想法，没有个人表现的焦虑，不受其他人的影响或限制；第二，可以提高参与者的参与度和积极性，让他们感觉自己的想法被重视和尊重，从而增强他们的信心和满意度；第三，可以产生大量的想法，因为没有质量的限制，也没有评判或批评的压力，让参与者可以尽情地发挥他们的想象力。

接下来的问题是如何实施书面头脑风暴？一般而言，书面头脑风暴包括以下五个步骤：

步骤一：向参与者介绍书面头脑风暴的会议流程以及其详细步骤。

步骤二：确定一个问题或主题，并将其写在纸上或屏幕上。问题可以是开放性的，也可以是具体的。问题的清晰程度直接影响答案的质量。

步骤三：组织参与者（通常是 3 ~ 10 人）。给参与者发纸笔，纸上需预先打印好矩阵表格。

步骤四：让每个参与者在一定的时间内尽可能多地写下他们对问题或主题的想法，不用考虑质量或可行性，也不用担心重复或相似。明确时间节点（三分钟一轮，共五轮等），传递纸的方向（顺时针方向或逆时针方向）。

步骤五：收集所有的想法，并进行分类、筛选、评价和整合，以找出最有价值和创新的解决方案。

具体书面头脑风暴流程，如图 10.1 所示。

图 10.1　书面头脑风暴流程

要保障书面头脑风暴的效果，需要特别注意以下五个方面：第一，明确问题或主题，让参与者清楚地知道他们要解决或探讨的是什么，避免模糊或过于复杂的问题或主题。第二，选择合适的参与者，让他们具有相关的知识、经验、兴趣或背景，以增加他们的贡献和多样性。第三，设定合理的时间，让参与者有足够的时间来思考和写下他们的想法，但也不要太长，以免他们失去焦点或兴趣。第四，鼓励参与者多写多想，让他们不要拘泥于常规或现实，也不要担心错误或失败，尽量写下所有的想法，无论是奇怪、荒谬、不切实际的还是重复的。第五，有效地收集和整理想法，让参与者将他们的想法按照一定的标准或规则进行分类、排序、分组或标记，以便于后续的分析和评估。

第四节　奥斯本检核表法

奥斯本检核表法（Osborn，1953）是脑力激发的方法，它可以帮助我们从不同的角度和问题来思考一个问题或主题，以产生更多的创意和解决方案。步骤如下：

首先，明确你要解决或改进的问题或主题，并将其写在纸上或屏幕上。

其次，参照奥斯本检核表法中的 9 个方面和 75 个问题，运用丰富的想象力，强制性地一个个核对讨论，写出新设想。

最后，对新设想进行筛选和评估，将最有价值和创新性的设想筛选出来。

具体来说，奥斯本检核表法中的 9 个方面和 75 个问题如下：

（1）能否他用：有无新的用途？是否有新的使用方法？可否改变现有的使用方法？

（2）能否借用：有无类似的事物？利用类比能否产生新观念？过去有无类似的问题？可否模仿？能否超过？

（3）能否改变：可否改变功能？可否改变颜色？可否改变形状？可否改变外形？可否改变维度？可否改变运动？可否改变气味？可否改变音响？是否还有其他改变的可能性？

（4）能否扩大：可否增加些什么？可否附加些什么？可否增加使用时间？可否增加频率？可否增加尺寸？可否增加强度？可否提高性能？可否增加新成分？可否增加维度？可否加倍？可否扩大若干倍？可否放大？可否夸大？

（5）能否缩小：可否减少些什么？可否去掉些什么？可否减少使用时间？可否减少频率？可否减少尺寸？可否减少强度？可否降低性能？可否减少成分？可否减少维度？可否减半？可否大幅度缩小？可否缩小？

（6）能否代用：能用什么代替原材料或原件或原方法或原过程或原功能或原目标或原概念或原理论等？

（7）能否重新调整：能不能重新排列组合各部分、各元素、各因素、各步骤、各程序、各功能、各目标、各概念、各理论等？

（8）能否颠倒：能不能颠倒顺序、颠倒角色、颠倒因果关系、颠倒正反面、颠倒上下位置、颠倒内外关系等？

（9）能否组合：能不能把两种或两种以上的事物组合在一起，形成新的事物、新的功能、新的目标、新的概念或新的理论等？

第五节　六顶思考帽法

六顶思考帽（six thinking hats）的方法可以帮助你从不同的角度和视角

来审视和评估想法，从而避免偏见和盲点。你可以用六种不同颜色的帽子来代表不同的思维方式，例如，白色代表客观事实，红色代表主观感受，黑色代表负面批判，黄色代表积极乐观，绿色代表创造发散，蓝色代表控制总结。你可以轮流戴上不同颜色的帽子，根据帽子的颜色来提出或回答不同类型的问题，如图 10.2 所示。

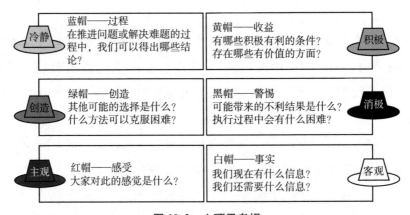

图 10.2　六顶思考帽

资料来源：根据六顶思考帽法理论整理。

举个例子，跨国公司面临一个市场扩张的机会，它们希望进入一个新的地区并推出一种新产品。为了在竞争激烈的市场中取得成功，公司决定使用六顶思考帽来确保在制定市场营销战略时充分考虑到各种不同的观点和因素。

白帽思考：通过收集和分析市场数据、竞争对手信息和消费者洞察等直观和客观的信息，团队成员戴上白帽，提供关键的事实和数据。他们探索市场的规模、需求趋势、潜在消费者群体以及竞争状况，以确保决策基于准确和全面的信息。

红帽思考：让团队成员戴上红帽，表达他们的感受、直觉和情感。团队成员可以分享他们的期望、担忧和疑虑，以及对市场扩张和产品推出可能带来的风险和机会的个人观点。

黑帽思考：团队成员戴上黑帽，提供潜在问题和可能的障碍。他们评估市场扩张和产品推出的风险，并提供悲观的观点，以确保决策考虑到可能的挑战和困难。

黄帽思考：戴上黄帽，团队成员提供积极的观点，探讨市场扩张和产品推出的潜在好处和优势。他们讨论市场的增长潜力、新的收入来源、品牌影响力的提升以及扩大市场份额的机会。

绿帽思考：戴上绿帽，团队成员发散性思维，提出创新的市场营销策略。他们思考如何利用先进的技术和新兴的趋势来推广产品，以及如何设计营销活动和广告宣传来吸引目标消费者。

蓝帽思考：最后，团队戴上蓝帽，担任组织者和整合者的角色。他们提供对整体决策过程的看法，确保通过综合各个思考帽的观点和建议来制定最终的市场营销战略。

通过使用六顶思考帽方法，公司能够从不同的角度考虑和评估影响市场扩张和产品推出的各种因素，促使团队成员更全面地理解和参与决策过程。这有助于减少盲点和偏见，并帮助公司制定更有效和全面的市场营销战略，以提高市场竞争力和商业成功率。

第六节　新技术趋势下的创意工具

当前，人工智能技术的应用正在影响并逐步塑造社会、经济和生活的各个领域。以自然语言处理等为代表的新技术的突破和融合发展推动了人工智能的快速发展。以人工智能为基础的创新在多个领域并发进行，商业领域的新模式和新业态持续涌现，产业组织形态和实体经济形态不断重塑，人工智能技术的不断渗透也正在改变人们的创新行为。

人工智能（AI）在创意领域有着广泛的应用，它可以通过算法和数据来模拟人类的发散思维，从而产生新颖和多样的想法。AI 发散思维的原理是，通过输入一个主题或问题，AI 可以根据其内部的知识库和算法，生成一系列相关的概念、词语、图片、声音等，从不同的角度和维度来激发人们的灵感。AI 发散思维的优点是，它可以超越人类的认知局限，提供更多的选择和组合，以及更快的反馈和迭代。

一、示例

你可以对 AI 发出指令："我们的××产品将在今年 7 月上市，请帮我写10 条广告文案"计算机就会不知疲倦地给你生成广告文案，并按照你的反馈继续优化迭代。

当然，AI 发散思维也存在一些不可忽视的缺点，主要表现在以下两个方面：一方面，AI 发散思维不能替代人类的判断和决策。AI 发散思维只能根据给定的输入和规则来生成输出，它没有人类的主观意识和价值观，也没有人类的经验和情感。因此，AI 发散思维不能对生成的想法进行评估和选择，也不能考虑生成的想法对社会、文化和道德的影响。这就需要人类来进行判断和决策，从众多的想法中筛选出最合适和最有效的方案。另一方面，AI 发散思维不能保证生成的内容都是有价值和合理的。AI 发散思维虽然可以产生大量的想法，但并不是所有的想法都是有意义和可行的。有些想法可能是重复或平庸的，有些想法可能是错误或荒谬的，有些想法甚至可能是有害或违法的。这就需要人类来进行验证和修正，从质量和效果上提升生成的内容。

AI 发散思维是一种有用但不完美的创意工具，它不能替代人类的判断和决策，也不能保证生成的内容都是有价值和合理的。因此，在使用 AI 发散思维时，我们应该合理利用它的优势，同时也要注意它的局限性，结合人类的智慧和责任，共同创造更好的未来。

二、AI 发散思维提示语

你是我的市场营销专家，请你根据【主题/背景】，产生【数字】个【小红书笔记/短视频脚本】，要求逐字稿，限制【数字】字以内，要求语言风格【口语化/书面化】。

你是我的市场营销专家，请你生成【数字】个关于【主题】的【小红书笔记】的想法，要求标题夸张，话题吸引人。

你是我的市场营销专家，请你生成【数字】个针对【主题】的媒体文章创意，以吸引【目标用户】注意，每个都需要包括：产品功效、呼吁行动、话题标签三个模块，每个创意限【数字】字。

三、如何提高 AI 生成创意的质量?

方法一：提供参照。提供参照是一种常用而有效的方法，给 AI 提供一些相关或类似的内容作为参考或启发，从而帮助 AI 生成更符合要求和期望的内容，甚至可能激发内容的创新或突破等。

值得注意的是，有时提供参照的情况下生成的内容有很大的局限性，产生了某种类似"过度拟合"的效应。因此，我们在写指令前可能需要更清楚地思考自己的目的。

方法二：提供背景信息，帮助 AI 生成更符合要求和期望的内容，同时可以减少无效内容、增加内容的相关性或合理性。

AI 发散思维还可以根据我们的反馈，来继续优化自己生成的内容，持续迭代。

参考文献

［1］卓立新，焦高乐．互联网商业环境下创业企业技术创新与商业模式创新的迭代式共演研究［J］．管理学刊，2021，34（3）：89-104．

［2］陈凤，刘瑞，余江．如何赢得互联网时代的那些超级用户？［J］．清华管理评论，2019（5）：22-28．

［3］成文，王迎军，高嘉勇，等．商业模式理论演化述［J］．管理学报，2014（3）：462-468．

［4］董玉妹，王婷婷．"新工科"建设背景下荷兰3TU跨学科工业设计人才培养的经验与启示［J］．装饰，2021（12）：100-104．

［5］福田雅树，林秀弥，成原慧．AI联结的社会［M］．宋爱，译．北京：社会科学文献出版社，2020．

［6］郭顺利，孙笑，宋拓，等．用户需求驱动下社会化问答社区知识聚合服务研究［J］．情报科学，2021，39（2）：106-113，136．

［7］贺芳．用户场景视域下专业出版知识服务模式探析［J］．中国出版，2022（9）：65-68．

［8］胡莹，白一茗，周子涵，等．设计思维的捕捉、认知与解读［J］．装饰，2022，349（5）：78-83．

［9］黄明睿，张凤娜．设计思维实战［M］．北京：高等教育出版社，2022．

［10］姜诗尧．创业者"动机-能力"视角下迭代式创新机制研究［J］．科学学研究，2020，38（9）：1698-1705．

［11］李开复，陈楸帆．AI未来进行式［M］．杭州：浙江人民出版社，2022．

［12］刘建明. 宣传舆论学大辞典［M］. 北京：经济日报出版社，1993.

［13］刘志迎，吴敏莲. 新产品开发与商业模式设计的过程融合与循环迭代：基于科希曼的探索性研究［J］. 管理案例研究与评论，2019，12（2）：124－135.

［14］马海云，曹思源，薛翔. 面向用户需求的健康领域知识组织与服务框架研究［J］. 情报资料工作，2022，43（2）：84－92.

［15］沈婧怡，顾心怡，李佩瑾. 消费需求驱动的生鲜产业线上线下新零售模式创新研究［J］. 中国商论，2021（11）：4－8.

［16］斯晓夫，王颂，傅颖. 创业机会从何而来：发现，构建还是发现＋构建？：创业机会的理论前沿研究［J］. 管理世界，2016（3）：115－127.

［17］王晨升，陈亮. 用户体验设计导论［M］. 北京：机械工业出版社，2020.

［18］王建国，李晓东，王磊. TRIZ 创新方法［M］. 西安：西安电子科技大学出版社，2020.

［19］王立夏，程子琦，王沅芝. 共情视角下大数据赋能商业模式创新的研究［J］. 科学学研究，2022，40（3）：525－533.

［20］王婉，张向先，郭顺利，等. 基于扎根理论的移动专业虚拟社区用户需求模型构建［J］. 情报科学，2022，40（6）：169－176.

［21］吴晓波，赵子溢. 商业模式创新的前因问题：研究综述与展望［J］. 外国经济与管理，2017，39（1）：114－127.

［22］徐露允，龚红. 协作研发伙伴多元化、知识网络凝聚性与企业新产品开发绩效［J］. 南开管理评论，2021，24（3）：160－172.

［23］谌涛，肖亦奇. 面向智能制造的跨学科创新教育：设计思维引领的新范式［J］. 高等工程教育研究，2023，199（2）：45－50.

［24］智能创作时代编委会. 智能创作时代［M］. 北京：中译出版社，2023.

［25］张敬伟，王迎军. 基于价值三角形逻辑的商业模式概念模型研究［J］. 外国经济与管理，2010（6）：108.

[26] 张明超, 孙新波, 王永霞. 数据赋能驱动精益生产创新内在机理的案例研究 [J]. 南开管理评论, 2021, 24 (3): 102 – 116.

[27] 张楠, 王居源. 设计创新驱动的新产品开发模糊前端管理研究: 以长三角传统制造企业为例 [J]. 经济问题, 2020 (9): 72 – 77.

[28] Amit R, Zott C. Value Creation in E-Business [J]. Strategic Management Journal, 2001, 22 (6 – 7): 493 – 520.

[29] Beverland M B, Micheli P, Farrelly F J. Resourceful Sensemaking: Overcoming Barriers Between Marketing and Design in NPD [J]. Journal of Product Innovation Management, 2016, 33 (5): 628 – 648.

[30] Bergman M, Lyytinen K, Mark G. Boundary Objects in Design: An Ecological View of Design Artifacts [J]. Journal of the Association for Information Systems, 2007, 8 (11): 546 – 568.

[31] Brown S L, Eisenhardt K M. The Art of Continuous Change: Linking Complexity Theory and Time-Paced Evolution in Relentlessly Shifting Organizations [J]. Administrative Science Quarterly, 1997, 42 (1): 1 – 34.

[32] Chesbrough H, Rosenbloom R S. The Role of the Business Model in Capturing Value from Innovation: Evidence from Xerox Corporation's Technology Spin-off Companies [J]. Industrial and Corporate Change, 2002, 11 (3): 529 – 555.

[33] D'Souza A, Bouw K, Velthuijsen H, et al. Designing Viable Multi-Commodity Energy Business Eco-Systems: Corroborating the Business Model Design Framework for Viability [J]. Journal of Cleaner Procuction, 2018, 182: 124 – 138.

[34] Freeman R E. Strategic Management: A Stakeholder Approach [M]. Boston: Pitman Ballinger, 1984.

[35] Frishammar J, Floren H. Where New Product Development Begins: Success factors, Contingencies and Balancing Acts in the Fuzzy Front End [C].

Dubai: 17the International Conference on Management of Technology, 2008: 47.

[36] Hamel G, Ruben P. Leading the Revolution [M]. Boston: Harvard Business School Press, 2000.

[37] Hood N, Vahlne J E. Strategies in Global Competition (RLE International Business): Selected Papers from the Prince Bertil Symposium at the Institute of International Business [C]. Abingdon-on-Thames: Routledge, 2014.

[38] Jaworski B J, Kohli A K. Market Orientation: Review, Refinement, and Roadmap [J]. Journal of Market-Focused Management, 1996, 1: 119 – 135.

[39] Johnson M W, Christensen C M. Reinventing Your Business Model [J]. Harvard Business Review, 2008, 35 (12): 52 – 60.

[40] Khalid S, Sekiguchi T. The Role of Empathy in Entrepreneurial Opportunity Recognition: An Experimental Study in Japan and Pakistan [J]. Journal of Business Venturing, 2018, 9 (1): 1 – 9.

[41] Liedtka J. Innovation, Strategy, and Design: Design Thinking as a Dynamic Capability [J]. Academy of Management Annual Meeting Proceedings, 2018, 1: 13 – 28.

[42] Lumpkin G T, Dess G G. Clarifying the Entrepreneurial Orientation Construct and Linking It to Performance [J]. Academyof Management Review, 1996, 21 (1): 135 – 172.

[43] Osterwalder A. The Business Model Ontology Aproposition in a Design Science Approach [D]. Switzerland: University of Lausanne, Faculty of Higher Commercial Studies, 2004.

[44] Osiyevskyy O, Dewald J. Explorative Versus Exploitative Business Model Change: The Cognitive Antecedents of Firm-Level Responses to Disruptive Innovation [J]. Strategic Entrepreneurship Journal, 2015, 9 (1): 58 – 78.

[45] Read S, Dew N, Sarasvathy S D, et al. Marketing Under Uncertainty: The Logic of an Effectual Approach [J]. Journal of Marketing, 2009, 73 (3): 1 – 18.

[46] Shane S, Venkataraman S. The Promise of Entrepreneurship as a Field of Research [J]. Academy of Management Review, 2000, 25 (1): 217 – 226.

[47] Simon H A. The Sciences of the Artificial [M]. Cambridge, MA: MIT Press, 1969.

[48] Sosna M, Trevinyo-Rodriguez R N, Velamuri S R. Business Model Innovation Through Trial-and-Error Learning: The Naturhouse Case [J]. Long Range Planning, 2010, 43 (2 – 3): 383 – 407.

[49] Teece D J. Business Models, Business Strategy and Innovation [J]. Long Range Planning, 2010, 43 (2): 172 – 194.

[50] Tidd J, Bessant J, Pavittkk. Managing Innovation Integrating Technological, Market and Organizational Change [M]. Chichester: John Wiley & Sons, 2007.

[51] Wu L, Liu H, Su K. Exploring the Dual Effect of Effectuation on New Product Development Speed and Quality [J]. Journal of Business Research, 2020, 106: 82 – 93.

[52] Zott C, Amit R. The Fit Between Product Market Strategy and Business Model: Implications for Firm Performance [J]. Strategic Management Journal, 2008, 29 (1): 1 – 26.